I0423449

Le sottisier
des arguments

Guy Desaunay

Le sottisier

des arguments

Table des matières

INTRODUCTION

> « Ce sont de mauvais raisonneurs et ils défendent d'habitude leurs idées mordicus, sauf pourtant quand elles se trouvent être justes, ce qui n'arrive pas souvent. »
>
> Swift, *Gulliver*, III, 2.

« *Ève dit :* **Pour ce qui est du fruit de l'arbre, Dieu nous a commandés de n'en point manger, de peur que nous ne fussions en danger de mourir.**

Le serpent répondit à la femme : **Mais non, vous ne mourrez point. Mais Dieu sait qu'aussitôt que vous aurez mangé de ce fruit, vos yeux seront ouverts, et que vous serez comme des dieux, connaissant et le bien et le mal.** » (*Genèse.* 3, 3-5.)

L'histoire des malheurs de l'humanité, selon certaines sources, évidemment orientées, commence donc par un argument aussi trompeur que prometteur. C'est dire si ces arguments fallacieux ont une longue histoire, et qu'ils n'ont guère changé en quelques millénaires, car le « *vous serez comme des dieux* » est journellement exploité en publicité.

Cependant, comme les choses ne sont jamais simples, l'argument du serpent n'est pas entièrement faux : **« L'Éternel Dieu dit : Maintenant que l'homme est devenu comme l'un de nous pour la connaissance du bien et du mal, évitons qu'il tende la main pour prendre aussi de l'arbre de vie, en manger et vivre éternellement. »** Et Dieu chasse Adam et Eve du jardin d'Éden. Le serpent n'a pas menti, mais il a été incomplet. Pour être « *comme des dieux* », il fallait également manger de l'arbre de vie. C'est dire aussi qu'en termes d'argumentation efficace, le vrai et le faux sont toujours étroitement entremêlés.

Quant aux raisons d'utiliser ces arguments spécieux, elles n'ont guère changé, elles non plus.

La première est que chacun pense avoir raison sur à peu près tous les sujets, et voudrait que les autres soient persuadés de la pertinence de ces raisons, sans souvent se donner la peine de vraiment tenter de convaincre. D'où ces innombrables discussions, parfois écrites, où personne n'écoute personne et où les « arguments » échangés sont généralement fort peu « convaincants » pour les autres, même s'ils paraissent tels à notre narcissisme.

Ce travers est très général et les meilleurs esprits n'y échappent pas : **« Et puis, je sais par expérience que les esprits les plus sublimes ont chopé le plus lourdement : comme ils tombent de plus haut, ils font de plus grandes chutes. »** [1]

La seconde tient à la volonté d'avoir le dernier mot, qui fait dire n'importe quoi.

« *C'est chaud.* » dit l'enfant et la mère souffle sur la soupe, goûte, puis ajoute du sel.

« *C'est chaud.* », répète l'enfant.

« *Mais j'ai soufflé .*», réplique la mer.

« *Oui, mais c'est le sel qui est chaud !* »

C'est évidemment plus sophistiqué dans la forme chez les adultes, encore plus chez les intellectuels, particulièrement chez ceux qui se disent philosophes, mais le fonds reste le même.

La troisième vient d'un travestissement de la vérité, qui va du maquillage soigné au plus grossier camouflage. De ces arguments discutables, la propagande et la publicité se sont fait une spécialité, mais c'est un travers volontaire de professionnels minutieux qui ne laissent pas grand chose au hasard.

« Au cours des dix à quinze dernières années, nous avons constaté que les jeunes sont devenus une cible privilégiée des actions de promotion des boissons alcoolisées. Lorsque des ressources importantes sont affectées à des campagnes publicitaires visant à influer sur le comportement des jeunes, il devient de plus en plus difficile de favoriser une conception équilibrée et saine de l'alcool. » [2]

De même, les discours d'abord destinés à se justifier et encore plus à se grandir, aux yeux d'autrui et de soi-même, ne mettent pas de limite à l'imagination humaine, à ses chimères et à son manque de logique.

Enfin, le caractère sottement moutonnier des commentateurs leur fait reprendre phrases toutes faites, fadaises pompeuses, éléments sortis de leur contexte, idées mal comprises et déformées, hypothèses transformées en faits, à chaque copie un peu plus dégradés. Et bien des journalistes seraient sans doute en peine d'expliquer pourquoi ils disent ou écrivent telle ou telle chose. Il est vrai que réfléchir prend un temps coûteux. Seuls les services de propagande, travestis, de nos jours, en services de communication, y investissent un tant soit peu, mais heureusement plus en argent qu'en intelligence.

De la paresse à la mauvaise foi, à travers un narcissisme qui va du puéril ou du naïf au boursouflé, les raisons de dire des bêtises sont donc fort nombreuses.

Ce sont ces sottises que nous avons recueillies, au hasard de nos lectures, sans recherche systématique qui eut été fastidieuse. De cette collection, nous n'avons conservé que les thèmes qui peuvent amuser et dont il est licite, sinon légal, de se moquer. Et comme l'ont fait nos devanciers, de tout temps et en tout lieu, nous en avons soigneusement extirpé l'hérésie, c'est à dire les innombrables sujets qu'il est imprudent de nos jours, de même évoquer.

« Quand je ne suis pas d'accord avec le fond d'une recherche sociologique ou ethnologique, je le dis, je l'enseigne, je l'écris et... j'ai des ennuis. » [3]

Sauf exception, nous n'avons pas repris ces arguments de publications qui, pour des raisons politiques, sont généralement outrancières, comme dans l'exemple suivant :

« Les camps de rééducation de l'Union soviétique sont le parachèvement de la suppression complète de l'exploitation de l'homme par l'homme ». P. DAIX, *Les Lettres françaises*, 1950. [4]

Ni de celles dont on peut penser *a priori* que le niveau intellectuel est un peu faible, à tort ou à raison.

« Un Arabe mourant de faim dans le désert trouve un sac d'argent. Il aurait bien préféré un sac de dattes, aussi rejette-t-il

avec dépit ce trésor inutile. **Morale à développer : l'argent ne rend pas heureux, il faut le laisser aux gens déraisonnables. »** L. FRAPIÉ, *La Maternelle*, 1910. Il s'agit d'un thème de rédaction donné à des enfants d'une école d'un quartier misérable. L'auteur se moque des instructions ministérielles.

Ni de celles qui sont âprement défendues par des minorités agressives, malhonnêtes et puissantes qui auraient évidemment été les plus riches et que nous ne citerons même pas.

Nous nous en sommes tenus aux « bons auteurs », à ceux, du moins, qui se croient tels. **« On a presque toujours tort de sous-estimer les écrivains. »** L'auteur est écrivain, évidemment. [5]

Et aux journaux qui se considèrent comme des journaux de référence, bien que là aussi, cela relève surtout de l'auto-proclamation.

« ... nous voulons mettre en valeur ce qui fait l'originalité d'un hebdo : ses enquêtes, ses idées, son engagement, son intelligence de l'actualité [...] donner du recul dans le récit des événements, aider chacun à porter un jugement sur le monde, apporter chaque semaine une valeur ajoutée indiscutable. » *Le Nouvel Observateur*, 12-18/10/2000.

C'est pourquoi peu des arguments relevés sont stupides sur le plan intellectuel, leurs auteurs ayant à tout le moins cette forme d'intelligence qui permet de réussir aux loteries et aux concours d'état. Mais la plupart de ces arguments sont malhonnêtes. D'autres sont cependant seulement illogiques, abusifs ou simplement agaçants.

Ce sont donc essentiellement ces caractéristiques intellectuelles et morales que nous avons retenues. Ceci étant, beaucoup d'arguments ou de façons de dire tout à fait discutables sont convaincants vis à vis de certaines personnes et dans certaines conditions. On pourra donc ne pas être d'accord avec nos choix, efficacité et logique ou morale étant ici parfois en contradiction. Et bien que nous ayons voulu être indépendant du fond en ne nous intéressant qu'à la forme, il est probable que nous avons été plus sévères vis à vis d'arguments dont nous désapprouvions le fond pour une raison ou une autre !

Discours et violence sociale

Les journaux télévisés montrent à longueur d'année des produits agricoles détruits, des sous-préfectures saccagées, des passe droits que s'octroient ceux qui en ont le pouvoir, des assassinats « politiques », le tout fomenté par de minuscules minorités violentes et très largement impuni. S'y ajoutent ces groupes sociaux qui vivent essentiellement de subventions extorquées sous la menace, ceux qui prennent en otage des milliers ou des millions de gens pour arracher un privilège de plus, ceux qui manipulent les minorités sans défense, ceux qui s'appuient sur des caisses noires et des services très spéciaux.

A cet arrière-plan de violence physique quotidienne perpétrée par « d'honnêtes gens », s'ajoute un arrière plan de violence verbale et parfois de menace ou même de chantage exercé par d'autres minorités qui revendiquent, elles, en général moins d'argent que de pouvoir.

Ce terrorisme de groupuscules se drape le plus souvent dans des signifiants dominants incontestables ou qu'il serait dangereux de contester, avec cependant un effet de renversement qui leur fait user des mêmes moyens qu'ils reprochent bruyamment aux autres d'utiliser. La justification donnée repose le plus souvent sur « un droit » qu'il serait mal venu d'examiner. Dans certains cas de pensée particulièrement archaïque, on se camoufle derrière un dieu qui vous aurait donné ce droit, ou une histoire qui le légitimerait. Le plus souvent, cependant, il s'agit d'un droit apparemment banal, le droit de vivre au pays, le droit à une vie décente, le droit à... , mais dont on tire des conséquences à peu près infinies surtout évidemment sur le plan financier.

Dans d'autres cas, il s'agit pour de plus jeunes de se faire une place au soleil en poussant de plus âgés vers le néant dont ils n'auraient jamais du sortir. D'où ces mouvements artistiques qui périodiquement décident que ce qui les a précédé est non avenu et surtout nul. S'y ajoute l'injure, qui, là comme ailleurs, remplace si commodément l'argument. **« Les paroles de haine des avant-garde ont préparé la mort des individus. Feuilletons les écrits surréalistes : le ton ordurier, et les injures – "goujat", "cuistre", "canaille", "vieille pourriture", "étron intellectuel", "couenne** faisandée", - adressées aux ennemis, aux écrivains bourgeois, aux traîtres, aux renégats, tels qu'on les trouve dans le Traité du style ou dans les lettres ouvertes, ne sont pas différents de ceux qu'on trouvait dans les brûlots des ligues fascistes et qu'on trouvera bientôt adressées aux "chiens enragés" dans les procès de Moscou. Ils signent une époque. »[6] Ils sont, en fait, de toutes les époques.

Citons aussi ces furies et ces harpies décidées à poursuivre « le crime » jusqu 'au bout du monde, qui ne poursuivent, bien sûr que leur propre folie, au prix d'innocents manipulés et culpabilisés pour le reste de leurs jours.

Cette utilisation quasi-quotidienne de la violence modèle des secteurs entiers de l'argumentation, du slogan politique, de nos jours surtout utilisé par ceux qui se prétendent a-politiques, au slogan publicitaire, en passant par ces émissions télévisées où l'on peut dire n'importe quoi du moment que le grand public vous connaît de nom ou de visage.

Surtout, cette violence contamine une partie de l'argumentation courante, celle utilisée dans les médias entre autres. On peut d'ailleurs remarquer que l'argumentation publique est tributaire de la violence sociale d'une époque donnée. Sans remonter au Père Duchêne, après la Commune, pendant la guerre de 14-18, en 1945, en 1958, après 1968, les argumentations développées faiblissent sur le plan intellectuel laissant place au slogan et à l'injure. La violence n'occulte pas seulement l'intelligence des gens qui l'utilisent mais aussi, hélas ! celle des personnes violentées.

Discours et culture contemporaine

> « Tout cela me confirma la vérité d'un vieil adage, qui prétend qu'une bourde, si folle soit-elle, trouve toujours un philosophe pour la défendre. »
>
> SWIFT, Gulliver, III, 3.

P. VALÉRY, dans son Ébauche *d'un serpent*, est un peu plus explicite que la Bible, heureusement, sur les méthodes de celui-ci : « *Dore, langue, dore-lui les plus doux des dits que tu connaisses. Allusions, fables, finesses, mille silences ciselés »* [7]. Le diable, *« puisqu'il faut l'appeler par son nom »* n'use pas de seuls arguments, mais utilise des façons de dire, plus subtiles et d'autant plus efficaces et convaincantes, si l'on peut dire, qu'elles sont moins argumentées. *« Fut-il jamais de sein si dur qu'on n'y puisse loger un songe ! »*. C'est un contemporain !

La rhétorique traditionnelle était un art de convaincre, du moins le prétendait-elle. La rhétorique actuelle qui est le plus souvent un art de parler pour ne rien dire, est, quant au reste, un art de manipuler. Elle utilise peu d'argumentations logiques développées. En partie parce que la meilleure argumentation est celle qui n'utilise pas d'arguments car il est plus difficile de la contredire, de même que la meilleure négociation est celle qui n'a pas lieu, car cela évite de faire des concessions. En partie, pour des raisons qui découlent à la fois de la culture populaire, diffusée par la télévision, la radio, la presse, et de la culture officielle, plus ou moins savante, diffusée par les professionnels et les fonctionnaires de la culture et de certaines disciplines. Ces deux cultures sont d'ailleurs de plus en plus proches l'une de l'autre, car si leurs objets diffèrent encore par leur degré de sévérité ou de prétention, leurs méthodes tendent à se confondre. Il va de soi que nous excluons de cette culture tout ce qui est vraiment scientifique, qui obéit, heureusement, à de tout autres lois, même si certains scientifiques gèrent leur carrière comme des publicistes.

« Certains chercheurs utilisent les médias pour passer outre à l'évaluation scientifique. » [8]

Mais nous y incluons évidemment une partie des sciences dites humaines, qui ne sont, trop souvent, qu'une variété pédante, précieuse et ridicule, de mauvais journalisme.

Ces deux univers obéissent désormais, sinon à des règles, du moins à des habitudes ou à des contraintes, mais tout à fait acceptées, dont nous n'évoquerons que quelques unes, et qui influencent fortement les moyens actuellement utilisés pour convaincre et manipuler.

Faire vite

La première est qu'il faut faire vite et donc court. A la télévision, interrompre tout développement semble être une norme, non seulement pour ces présentateurs qui transforment tout en jeux du cirque, mais même pour ceux qui se définissent comme des journalistes cultivés, respectueux d'autrui, et ne recherchant que la vérité. Et il n'y a guère que le Président de la république qui puisse s'exprimer à la télévision sans être sottement interrompu. Encore le reproche-t-on à ses interviewers.

Dans les journaux, il faut être un grand de ce monde ou faire partie des mêmes sociétés d'admiration mutuelle que les censeurs, pour qu'on vous laisse la place de développer une argumentation soignée. Les courriers de lecteurs, réputés donner la parole au petit peuple, ne publient que le quart de la moitié de ce que vous avez longuement mûri et l'emplissent ainsi de contresens. Ceci explique en bonne partie le fait que les argumentations soient rarement développées. Démontrer, prouver, chiffrer sont des opérations longues, coûteuses et donc réservées à de confidentielles revues scientifiques. Ailleurs, on se contentera d'affirmer.

Frapper fort

La seconde contrainte est qu'il faut frapper fort.

« On ne le répétera jamais assez aux responsables d'émissions dites culturelles : si vous voulez accrocher, fixer l'attention du public – surtout passé 22 heures – allez-y, foncez, employez des mots chocs. » [9]

A peu près tout, de nos jours, est marqué par la publicité. Dans le fond, il s'agit de vendre, ses œuvres, ses « idées », soi-même. Et de vendre tout de suite. Plus personne, à juste titre, ne travaille pour la postérité. D'ailleurs, encore faudrait-il le pouvoir. Dans la forme, la plupart des auteurs utilisent des façons de dire qui se veulent « frappantes » ou « percutantes » même quand elles n'ont pas grand sens.

« Il faut dire que les réunions de marketing des années 60, tant chez l'annonceur qu'en agence de publicité, ne manquaient pas de piquant sémantique. Il n'était question que de "stratégies", de "créneaux", de "cibles", de "campagnes", "d'impacts", de "retombées", et autres formes réjouissantes de relation empruntées à la panoplie militaire. L'analogie dans le mode guerrier est même allée très loin, puisqu'on a entendu un jour dans une agence l'expression aussi troublante que signifiante de "tapis d'annonces" qui n'était pas sans rappeler celle de "tapis

de bombes" qui, à l'époque, dévastaient le Vietnam. [...] Aujourd'hui encore, qu'on le veuille ou non, on est toujours dans l'ère de la conviction par la force et par la violence, comme si le changement social n'avait pas eu lieu au fil des années. Il suffit d'être à l'écoute d'un poste périphérique, à forte densité de messages publicitaires, pour comprendre que les principes de conviction sont toujours fondés sur les mêmes bases : beaucoup de décibels et de redondance dans un minimum d'espace. [...] il en est de même sur les chaînes de télévision nationales. » [10]

Le vocabulaire utilisé est certes étendu et il y a même, parfois, un certain snobisme du mot rare (toujours le même pendant quelques semaines), mais le sens réel des mots semble tout à fait secondaire.

Exemple. « J'admire cet homme qui dissèque et rebâtit le vêtement avec la déontologie d'un architecte. » [11] On se demande ce que la déontologie vient faire ici. Peut-être l'auteur voulait-il parler de rigueur. Le mot était trop simple !

Explication. « N'en faisons pas une phobie, mais on retrouve la publicité à la racine des désastres linguistiques [...] C'est elle qui a besoin de notre abêtissement pour nous pousser à consommer. [...] Après avoir colonisé l'espace visible des villes et le secret des esprits, la réclame s'est appropriée effrontément notre bien commun : les mots. Elle les a mâchonnés, vidés de leur pouvoir critique ; elle s'est rendue maître des sens et des sons. [...] Le mot-denrée a tué le mot-pensée, comme la mauvaise monnaie chasse la bonne. » [12]

La grammaire même, est parfois répudiée.

« Pour obtenir une expression ramassée, percutante, la pub va "dégrammairiser". Elle élimine du discours tout ce qui n'est pas de nature à agir directement dans le sens recherché, elle supprime les verbes, elle enlève les vocables non indispensables. On en arrive à la parataxe, une construction de phrase que chacun pratique au moins dans son jeune âge, sans mot de liaison indiquant la nature du rapport entre les membres de la phrase. "Pipi moquette, maman fâchée" ou "Darty, des prix", çà ressortit au même langage » [13]

L'argument laisse alors la place au slogan.

Se voiler du flou artistique

Le troisième point est que le manque de rigueur dans l'énonciation n'est plus une faute, mais un atout. Il permet de se situer « quelque part » entre philosophie et poésie, Ou mieux, « **... entre sociologie, philosophie et politique... »** [14].

Et de justifier ainsi le flou, sinon le vide, de la pensée et l'arbitraire de la formulation.

 « C'est aux dernières limites du possible, sur les confins les plus lointains des apparences, à l'extrême pointe vers laquelle convergent toutes les directives confondues, voire même au delà, dans cette région où ne peut plus se rencontrer que la conjecture audacieuse ou bien plutôt l'étonnement sans mesure, que s'effectue la plus profonde et la plus énigmatique peut-être des démarches que tente l'esprit de l'homme, celle par qui s'élabore secrètement le Merveilleux. » [15]

Et d'une certaine façon, n'importe quel mot peut servir à n'importe quel usage dans un immense bricolage qui connaît mal les outils et ignore les méthodes, ceux dont ce n'est pas le métier d'écrire ou de parler, plasticiens, architectes, cinéastes, chorégraphes, etc. mais qui se mêlent de le faire, n'étant pas, finalement, plus vulnérables que ceux qui ont appris à parler pour ne rien dire dans les grandes écoles de l'université, de la république ou des affaires.

Le danseur : **«Danser, penser : nous avons esquissé une petite pièce sur cette rime. Pas une pensée de la danse, ni une danse de la pensée, mais une question entre nous : qu'est-ce qui sort, qu'est-ce qui est jeté dehors quand on danse et quand on pense ? Ou bien, quel est ce dehors ? Hors discours et hors sujet, une extension, un pas au delà du sol fixé, de la présence ou du sens. »** On n'est pas forcé d'avoir tout compris. [16]

L'écriteur : **« Il est nécessaire, aujourd'hui, d'insister plus que jamais sur ce point et sur le fait, comme le dit Macciocchi, en prenant appui sur l'expérience chinoise, que *"la libération révolutionnaire des masses passe aussi à travers leur langage politique"*. »** [17]

Un sommet étant atteint lorsque des comédiennes viennent délivrer un message sur la psychologie profonde du personnage qu'elles viennent de jouer dans le film dont elles assurent la promotion, ignorant peut-être que le cinéma est d'abord un art de montage. Elles s'enlaidissent alors de mimiques de réflexion. Ce peut être amusant lorsqu'il s'agit de photogéniques gamines. Cela peut être navrant pour de moins photogéniques ou de moins gamines, surtout lorsque prétention et vulgarité affleurent sous la gravité jouée et que la personne perce sous le personnage.

Il suffit souvent d'utiliser certains mots qui joueront le rôle de signaux de reconnaissance auprès de certaines parties du public qui se comporteront alors en membres de sectes d'autant plus persuadés de la richesse et de la profondeur de ce qui est dit que cela leur est, de fait, plus obscur. Le réflexe lacanien n'est pas loin, le pavlovien non plus.

Dénommer

Le quatrième point est, semble-t-il, que l'œuvre achevée a de moins en moins de valeur.

« ... on ne compte plus les œuvres ou les artistes qui ont fait monter le matériau, le medium ou le dispositif dans le plan de l'exposition. Avec une conscience auto-référentielle ou médiologique également exacerbée, on s'efforce de dire ou de montrer le médium, le signifiant, le support ou l'idée de l'œuvre, et l'on réduit donc celle-ci à l'exhibition du geste , ou du grain, ou de la toile, ou du châssis, ou de l'éclairage, ou de l'intention conceptuelle, ou de la mise en série, en produits dérivés ou en marchandise, etc. » [18]

En raison d'abord, d'une tendance qui fait s'intéresser surtout au processus de gestation.

« Foin du spectacle comme produit fini ! Il s'agit de privilégier la gestation de l'œuvre, son partage en dehors du temps conventionnel de la création. » [19]

« Comprenant des chorégraphes de tous âges, il entend valoriser, au-delà de la visibilité de l'œuvre elle-même, d'autres aspects de la danse jusque-là négligés : à savoir ce qui se joue pendant le temps de création, les dialogues noués avec des artistes d'autres disciplines et avec des chercheurs des sciences humaines, des scientifiques. » [20]

Processus évidemment d'une « complexité vertigineuse », fondé sur une « contestation radicale »,[21] profond, subtil, savant, difficile, au mieux surréaliste ou révolutionnaire, au moins subversif et transgressif et de toutes façons dérangeant :

« La télévision publique dérange » [22] titre M. Tessier, qui se présente comme le président de la <u>holding</u> France-Télévision. Elle dérange en effet en utilisant des américanismes.

F. Giroud **:** « **Beau, dense, modeste, grave, dérangeant. »** [23] A propos du livre d'un copain.

En raison aussi d'une tendance de la culture française contemporaine à s'intéresser moins à l'œuvre qu'à ce qui peut en être dit.

« L'attitude des institutions françaises est parfois suicidaire : le soutien public va à un art qui n'a pas de marché. Il est difficile de faire comprendre ce comportement à l'étranger. Il est aussi difficile de faire admettre un art qui est jugé beaucoup trop intellectuel et qui ne donne que fort peu à voir. Vu de l'étranger, l'art français passe pour beaucoup trop bavard et prétentieux, négligeant le visuel et la forme au profit de textes philosophiques. » [24].

L'essentiel étant, non point le résultat, mais la dénomination de ce résultat, comme un enfant ayant fait un pâté d'encre déclarera tout nettement qu'il a dessiné un pommier. Mieux, qu'il a « effectué un travail » sur le pommier.

« J'ai dîné l'autre soir, d'un carpaccio de Saint Jacques qu'accompagnaient une tombée d'épinards et un tartare de betteraves, après avoir hésité devant une cassolette de légumineux et ventrèche craquante, une mousseline de panais, un chutney d'endives... Je dois à la vérité des papilles de préciser qu'il y avait plus de raffinement dans la rédaction du menu que dans la préparation des mets. Normal, les maîtres queues que la société contemporaine a promus à la dignité de maîtres à penser, tournent désormais davantage de phrases que de sauces. » [25]

On est alors très proche de ces « concepts » utilisés en marketing, qui n'ont, bien sûr, rien de conceptuel.

« " Concept" est devenu un mot magique. Parfait écho de la toute-puissance du marketing, il transforme la moindre idée en

création géniale, le projet le plus banal en grand dessein. » [26]

« Dans cette quête de valeurs « primitives », le mythe originel a inspiré le dernier concept de T. Mugler, une Cologne revisitée dont la prochaine campagne de communication met en scène un couple biomorphique sur fond de désert bolivien et de ciel immaculé. » [27]

Le discours est d'autant plus pompeux et péremptoire que l'œuvre est banale et se démarque peu de celle d'un amateur. D'où l'importance des titres, intitulés, appellations, des œuvres quelles qu'elles soient.

« Pour X..., chaque collection est une réflexion sur un thème : l'exclusion et la réécriture des Droits de l'homme dans son défilé Mutilations de 1997... ». Il s'agit de fripes ! [28]

D'où aussi leur enflure, ou ce qui revient au même, leur minimalisme.

Commenter

Il y a de nos jours une disposition générale à privilégier le commentaire par rapport à l'œuvre, du pour une bonne part à une inflation journalistique. On lit moins de livres qu'on ne feuillette de revues. On nous décrit des pays, des villes où nous ne vivrons jamais, représente des ouvrages que nous ne verrons point directement, commente des livres que nous ne lirons pas, évoque des personnes qui resteront des noms. Nous n'en savons que ce que des journalistes en colportent. Et chaque fois que nous connaissons réellement ce dont ils parlent, nous nous apercevons qu'ils en disent, avec superbe, n'importe quoi. Mais un n'importe quoi orienté. Et l'orientation, de nos jours, et comme toujours, est invariablement la même : la maximisation du profit des profiteurs.

On ne lit plus un auteur classique, même français, dans le texte original, ne serait-ce que parce qu'il doit être transcrit, sinon traduit, pour être compréhensible. **« Laurent, serrez ma haire avec ma discipline... ».** Cette phrase du Tartuffe n'a, mot à mot, aucun sens actuel.

On ne l'appréhende qu'à travers ce qu'en dit un contemporain, ne lisant lui-même que derrière les lunettes de quelque théoricien de banalités savantes. On ne lira plus *Madame Bovary*. Mais on lira un article du journaliste Sollers, rendant compte de ce que le grammairien Derrida a pu dire de l'analyse du philosophe Sartre de l'œuvre du romancier Flaubert. Nous vivons culturellement dans un univers de commentaires, interprétations, exégèses, scolies, plus proche de la fin du Moyen âge que de la Renaissance, très loin de l'explosion scientifique qui distingue par ailleurs notre époque, mais qui n'irrigue plus la vie « culturelle », même si un vocabulaire scientifique sert encore à badigeonner bien des élucubrations.

D'ailleurs bien des auteurs n'écrivent pas pour que de simples lecteurs prennent du plaisir à les lire, mais pour que ceux-ci **« approfondissent la connaissance du rapport [que cet auteur] entretient avec l'écriture. »** [29]

Se différencier

Dans l'univers bureaucratique qui reste prédominant en France, la différenciation se fait dès le départ, par la naissance, le diplôme ou la faveur de nos princes et reste acquise vie durant. Dans l'univers concurrentiel qui le remplace lentement dans certains domaines, la différenciation est nécessaire presque quotidiennement. Un cabinet conseil, un chercheur, ne se distinguent pas dans ce domaine d'une entreprise vendant ses produits au grand public. D'où cette pléthore de systèmes, de théories, de concepts, de méthodes abusivement appelées méthodologies, etc. qui ne font le plus souvent que ravauder ou ravaler leurs équivalents de la génération précédente. Le modèle universitaire américain du « *publish or perish* » qui se répand également en France va dans le même sens. **« La tendance à la médiatisation entraîne d'ailleurs une forme de dérive qui aboutit parfois à remplacer le sérieux de l'expertise par la course à la parution. »** [30]

A défaut de nouveauté fondamentale vraie, on innovera dans le détail, et donc surtout dans le vocabulaire. On érigera deux synonymes en concepts aussi radicalement différents que nouveaux. On torturera la syntaxe pour donner de la profondeur à une pensée banalement universitaire. On se référera à d'autres disciplines, lointaines et exigeantes pour élargir la portée de ses découvertes. On se fera le gardien du temple de la pureté retrouvée de telle doctrine ou de tel auteur. On anathématisera les adversaires, les contradicteurs et les concurrents. On fera entonner les « trompettes de la renommée » par les disciples et les clients. Et on laissera soi-même entendre que l'on est l'Oint et l'Envoyé du Seigneur et que hors de l'Église, il n'est point de salut.

L'énormité des budgets publicitaires permet aux publicistes, qui ont un besoin impérieux de se différencier d'une concurrence qui copie la moindre innovation, de consacrer eux-mêmes des budgets considérables à des « recherches » qui allient une forme extrêmement sophistiquée à un fonds d'une naïveté désarmante. Là aussi, l'innovation est essentiellement verbale. Et quelques disciplines de statut universitaire ne sont que la « vitrine légale » de ce type de « recherche » commerciale.

Enfin, la manie qui consiste à demander à des étudiants débutants de prouver leur capacité de recherche dans d'innombrables mémoires, les oblige à manier un vocabulaire « théorique ». dont le sens réel, s'il y en a un, leur échappe bien souvent. Cela favorise la lecture superficielle des auteurs qui se proclament théoriciens, le plus souvent volontairement obscurs et cela répand leur vocabulaire et leurs obscurités dans l'air du temps. Rien de plus contagieux.

« Il ne suffit pas de parer d'un habillage théorique des lieux communs pour que ceux-ci deviennent des vérités. » [31]

Faire savant

Chénier ne se prétendait point chimiste, ni Lamartine économiste, ni Hugo sociologue, ce qui n'empêchait pas ces écrivains d'être aussi des acteurs politiques. Dès la fin du XIX° siècle la curieuse figure de l'intellectuel a permis à certains de sortir de leur domaine de connaissance et d'apporter la caution de ce domaine à d'autres où ils étaient radicalement incompétents. Le fait d'être romancier ne devrait pas donner en politique plus d'autorité que le fait d'être botaniste, archéologue, plombier ou technicienne de surface. Et l'on comprend mal, désormais, comment le romancier Gide pouvait avoir la moindre compétence pour analyser le régime soviétique. Mais au moins, lui, ne se prétendait ni philosophe ni économiste. De nos jours, la simple agrégation de philosophie, qui permet de s'intituler pompeusement philosophe, permet aussi de se prétendre compétent dans ces innombrables « faits de société » qui sont le quotidien du journalisme et d'appeler à la rescousse ce que les sciences humaines ont de plus banal , de plus obscur et de plus inutile.

Par ailleurs, de purs littéraires font des incursions superficielles dans des sciences dures auxquelles ils ne comprennent rien et en reviennent pailletés d'un vocabulaire qu'ils emploient en dehors de son contexte et sans très bien comprendre ce qu'il signifie.

La publicité en rajoute, à son habitude, en utilisant un vocabulaire savant hors contexte uniquement destiné à impressionner et non à informer.

Une juxtaposition de mots qui ne forment pas nécessairement une phrase, remplace alors un argument formel.

Faire événement

Le vite fait, l'accidentel, le puéril, le banal, le déjà vu, et surtout le n'importe quoi, pour peu qu'ils puissent faire avènement, fut-ce quelques instants, sont placés sur le même plan que le métier, l'érudition, l'innovation, la création vraie. L'éphémère vaut ce qui a été respecté par le temps.

Sous le titre : **« Sélection disques »**, un journal présente des musiques de Schoenberg, Bach, Max Nagl Quintet, Ani Di Franco, King Biscuit Time, Matmatah, Hexagone 20001, Barbara, Moreno Veloso. [32] Comme si ces auteurs avaient quoi que ce soit de commun hormis le fait d'être diffusés par le même type de support.

Il y a donc un aplatissement des hiérarchies de valeurs.

« C'est également ce qu'avait montré dans le champ des arts plastiques, l'exposition « Au delà du spectacle », organisée en janvier au Centre Pompidou à Paris : le tout et le n'importe quoi se côtoient désormais, sans hiérarchie de valeurs : le commerce et la publicité ne sont plus détournés comme à l'époque d'Andy Warhol, mais au contraire détournent l'art à leur profit. » [33]

Et une confusion des genres.

« Le monde de l'art a besoin du glamour et de l'argent de la mode ; celui de la mode a besoin de la respectabilité de l'art. Le résultat est une confusion extrême et pernicieuse. Je vois partout peu de choses intéressantes. » [34]

Bien des œuvres ne sont produites que pour être photographiées et illustrer des magazines, ou parce qu'elles faciliteront le commentaire journalistique vis à vis de leur auteur, sans plus d'égards ultérieurs vis à vis d'une œuvre qui aura alors rempli sa mission.

D'autres sont produites à la commande, même dans des domaines où l'on pourrait penser que la spontanéité est primordiale : **« Jeanne : Judith, serais-tu intéressée par l'idée que nous entreprenions une correspondance qui pourrait être lue dans les Nuits de la correspondance ? »** [35]

Il s'agit d'entrer en connivence avec les journalistes à l'affût de ce qui pourrait remplir un papier et le rendre vendable. Il faut donc faire suffisamment de bruit pour attirer l'attention d'un commentateur qui à son tour devra faire assez de bruit pour attirer l'attention d'un media qui devra faire lui-même assez de bruit pour attirer le chaland. L'idéal, difficile à atteindre, étant de faire la clôture du journal télévisé du soir ou de paraître dans une des ces confidentielles émissions télévisées prétendues culturelles, qui légitiment, dit-on, le service public, c'est à dire le paiement d'un impôt.

« Les timides, les silencieux, les modestes, les balbutiants devaient dépenser dix fois plus de talent que les autres pour compenser le handicap du moindre bagout. » [36]

Faire spectacle

Les grands de ce monde, rois sur leur trône, évêques sur leur cathèdre, juges dans leur hermine, riches dans leur château, nouveaux riches dans leur musée, ne se contentent pas de dire. Ils appuient ce dire d'un spectacle. Et la télévision a popularisé ce spectacle puisque le moindre bonimenteur est mis en scène à grand frais.

« Passer à la télé » n'amplifie pas seulement ce que vous dites par la multiplication de vos auditeurs, mais donne à vos paroles le bénéfice d'être mis en scène par cette télévision et l'autorité d'avoir été jugé digne de paraître à l'écran.

Mais de même qu'une pièce de théâtre obéit à d'autres règles qu'un roman, le passage à la télé oblige à tenir un discours différent de ce qu'il serait s'il devait seulement paraître par écrit. Non seulement, il doit être plus bref, plus percutant, mais surtout, il doit être beaucoup plus affectif. **« A mesure que l'information et le débat public se changent en spectacle, les réflexes émotionnels de la scène et de l'écran se substituent aux règle d'accès à la vérité issues de la rationalité universitaire et judiciaire. »** [37]

Le vrai est alors moins important que le vraisemblable. L'incroyable peut être affirmé par une personnalité qui paraît sympathique. Et l'impudence dans le mensonge peut être soutenue par un regard angélique. La télégénie remplace alors l'argument.

Faire scandale

Il ne s'agit évidemment pas de faire vraiment scandale, ce qui se paie généralement fort cher et particulièrement d'un silence de plomb, fort éloigné du but recherché, l'essentiel étant que l'on parle de vous en bien comme en mal.

« Piège infernal de la polémique qui constitue le meilleur combustible à la propagation de l'audience et transforme les plus sincères détracteurs en pions efficaces sur l'échiquier de la promotion. » [38]

Il faut donc d'une part proclamer que l'on fait scandale : **« ... un peu partout, c'est le même souffle impétueux contre le *"droit de l'hommissime"* des *"bien-pensants"* et le *"politiquement correct"* des belles âmes ; la même tornade *"anticonformiste"* qui promet toujours plus d'*"iconoclasme"*, de *"pavés dans la mare"* et, bien sûr, de *"tabous"* brisés. »** [39]

Et d'autre part, rester dans les limites du scandale ou de la provocation définis par les publicitaires, qui font titre, qui font vendre.

« Le marché de l'art qui n'a jamais été si académique, subventionné et étatisé, fonctionne souvent à la provocation, dans une répétition routinière et pompière. » [40]

On choisira dons soigneusement les matières à scandale de façon à ne pas se heurter à plus fort que soi. **« Dans Lire [M. Houellebecq] déclare que " la religion la plus con, c'est quand même l'Islam". Le substitut du procureur a estimé que " le fait de ne pas aimer une communauté n'est pas répréhensible. Ce n'est pas la même chose qu'inciter à la haine. "** » [41] En fait, selon d'autres sources, ce romancier comparait les trois monothéismes occidentaux. Il a évidemment choisi celui qui, en France, est le moins à même de se défendre. Il aura donc le scandale, c'est à dire les ventes de son ouvrage, sans grands risques. Il s'était d'ailleurs trompé, et subit une fatwa. Imprudence...

De la même façon, pour attirer l'attention, on maniera les paradoxes ou l'on se prétendra dans un situation paradoxale, ou l'on se mettra dans un situation apparemment paradoxale, même si la moindre analyse montre que ces paradoxes sont tout à fait orthodoxes.

« Il est d'autant plus dommage que P. Carles ait cru bon de passer sous silence les sérieuses critiques dont Bourdieu a récemment fait l'objet, depuis la légitimité de la science dont il se prévaut jusqu'au paradoxe qui voit ce mandarin, professeur au Collège de France, se poser en victime du système. » [42] Ce n'est pas un paradoxe, c'est jouer sur les deux tableaux. Le moyen, autrement, de faire carrière ?

Ne pas justifier

Presque personne, de nos jours, ne prend plus la peine de justifier ses positions. Soit par une attitude d'héritier qui n'a rien à prouver, sa naissance servant à tout. Comme l'entreprise, les médias, les ministères, les plus hautes institutions, le CNRS même, sont peuplés de gens dont la caractéristique majeure est d'être fils ou fille de Untel, même si, suivant la formule connue, les dures lois génétique l'ont doté de la beauté du père et de l'intelligence de la mère.

« Autrement dit, cela aide grandement d'avoir eu, père ou mère, un traceur de chemin [...] Et l'on sait même des dynasties journalistiques qui sévissent générationnellement, de père et mère, en fils et fille et ainsi de suite [...] Bref, tout le monde aime se faire succéder à lui-même. » [43]

« Parmi les 369 romans de septembre, combien, signés de personnalités du milieu éditorial ou de "fils de" , bénéficieront d'un traitement de faveur dans les médias ? » Question purement oratoire équivalant à une affirmation. [44]

Ou par une appartenance à un groupe auquel les « persécutions » passées permettent de pures affirmations, la moindre objection ne pouvant venir que de l'ignominie.

« ... une histoire falsifiée et une anthropologie démentielle qui les font se croire des victimes et les transforment en bourreaux ! » [45]

Soit par l'attitude inverse, en revendiquant des droits justifiés par le fait de ne venir de nulle part, droits qui, bien sûr, ne s'accompagnent d'aucuns devoirs. Ou encore par une position de vedette, dont la notoriété dans n'importe quel domaine et jusqu'au plus physique, justifie l'intérêt de n'importe quel propos, même sur les sujets les plus complexes, les plus hermétiques... ou les plus scabreux. « *Je pense que...*» leur paraît une argumentation bien suffisante, surtout appuyée de la mimique adéquate.

« La notoriété remplace le savoir et la jactance le discours articulé. » [46]

Au total, une révérence pour toute réussite dans n'importe quel domaine, par n'importe quel moyen et à n'importe quel prix.

« Des gamines ont vu cela. Elles rêvent de sortir de leur condition. Que peuvent-elles penser sinon que tous les moyens sont bons, que le notoriété est une valeur en soi, un passeport pour le royaume de la race supérieure, pour les sphères où s'abolissent les règles, où tout fait ventre. Pour le monde où l'on a licence de tirer profit de n'importe quoi : de ses propres infamies, puis de leur récit, avec un léger supplément en cas de repentance, de son souteneur puis de la dénonciation de son souteneur. Le monde où l'on est médiatisé(e) à proportion des sommes qu'on a touchées sans motif et gaspillées sans limites parce qu'au fond les médiatiseurs n'ont pas d'autres critères que celui de la réussite, quelles qu'en soient les manières. » [47]. A propos d'une dame accusée d'avoir volé quelques milliards à la société Elf et se vantant d'être une p...

Cette révérence fait que dans les domaines artistiques et littéraires, il n'y a plus aucune remise en cause des hiérarchies passées. Tout ce qui, un jour ou l'autre, à tort ou à raison, a été célébré, doit rester digne d'admiration. Et tout ce qui a été déclaré de second ordre, fut-ce par des critiques eux-mêmes de second ordre, restera tel. L'on oubliera donc des auteurs restés lisibles au fil des siècle. Et l'on perpétuera, sous le nom de littérature la vénération d'auteurs devenus prodigieusement ennuyeux ou parfaitement ridicules.

Mais le moyen de remettre en cause un écrivain que votre éditeur veut continuer à vendre ou sur lequel travaille votre patron de thèse.

Cette révérence fait aussi que les gens en place deviennent inamovibles. On reste confondu en relisant de vieux journaux ou en regardant de vieilles émissions de télévision de voir que les vedettes actuelles étaient déjà vedettes il y a des lustres. La chirurgie esthétique fait des merveilles, comme pour ces vierges miraculeuses qui échappent à la pesanteur et dont la poitrine garde la même forme qu'elles soient debout ou couchées, ou ces journalistes qui ont une chevelure d'autant plus fournie que les années passent.

Cette plasturgie opère même sur la sclérose et la sénilité intellectuelles.

Ne pas critiquer

Création et critique sont mises sur le même pied. Dans certains cas, c'est la critique qui se veut création, l'auteur de l'œuvre étant conçu comme bien incapable d'en révéler lui-même le sens profond, seul le critique pouvant le faire advenir. Ou encore, la « création » intègre sa propre critique, déniant ainsi toute possibilité de critique vraie.

« Stratégie contemporaine, qui consiste à réfuter d'avance toute critique par l'intégration de sa propre dérision. » [48]

En général, cependant, la critique est mal vue.

« Si scandale il y avait, il serait plutôt dans ce silence des critiques de fond, silence bien français qui veut qu'il y ait fort peu ... de compte rendu polémique dans nos périodiques sociologiques. » [49]

L'on prend modèle sur ces émissions de télévision où un présentateur se pâme devant les sottises d'autres présentateurs, qui se pâmeront à leur tour dans d'autres émissions **« Le principe de l'émission est immuable : on ne dit rien qui fâche, et on n'invite, pour plus de prudence, que des amis. »** [50]

Mais déjà au XVII° siècle : **« On a rendu les louanges si communes et on les donne si indifféremment à tout les monde, qu'on ne sait plus qu'en conclure. Il n'y a point dans la gazette de prédicateur qui ne soit des plus éloquents, et qui ne ravisse ses auditeurs par la profondeur de sa science ; tous ceux qui meurent sont illustres en piété ; les plus petits auteurs pourraient faire des livres de éloges qu'ils reçoivent de leurs amis... »** [51]

Et de même que les publicités négatives ou comparatives sont interdites entre entreprises, de même toute critique un peu vive paraît déplacée dans le monde culturel. La « réfutation » est donc un art qui disparaît. Il est vrai que les enjeux économiques y sont de plus en plus importants. Un architecte, un animateur-producteur de télévision, un responsable de collection littéraire, un directeur de laboratoire scientifique sont à la tête de véritables PME. Avec les responsabilités financières que cela comporte. Avec aussi, sous leurs ordres et donc aux ordres, une clique toute prête à faire la claque. Les jalousies n'en sont que plus féroces mais procèdent de façon voilée et détournée.

« L'édition française a des airs de noce de village. Tout le monde tutoie tout le monde. Les rivalités se dissimulent sous les embrassades et les compliments. » [52]

Il faut ajouter qu'en France tout au moins, les groupes sociaux les plus puissants ont su mobiliser la loi à leur profit. Critiqué de façon que l'on estimait abusive, on se contentait autrefois de demander un franc symbolique de dommages et intérêts. L'on cherche maintenant à ruiner l'adversaire par le truchement des tribunaux.

« Mis en cause pour sa politique sociale, Danone s'attaque au site Internet jeboycottedanone.com... pour "contrefaçon" et "exploitation injustifiée" de la marque et du logo Danone.... Ce site reproduit en effet sur la page d'ouverture le losange bleu de la marque.... Danone demande 100 000 francs de dommages et intérêts et la fermeture immédiate du site. » [53]

Et lorsque personne n'est critiqué nommément, les ligues de vertu portent plainte au nom de l'espèce, du genre ou de la variété et n'en sont que plus exigeantes, car il est normal que l'Humanité requière plus qu'un simple particulier.

Ajoutons un phénomène de déplacement fort ancien, mais accentué de nos jours, par la publicité et le marketing. Ce que l'on nous vend réellement n'est pas ce que l'on prétend nous vendre, de même que les défilés de haute couture présentent des robes qui ne seront jamais portées, mais promeuvent des parfums ou des accessoires.

« Beau, laid, ce sont des questions bien secondaires lorsqu'il importe avant tout d'engendrer un effet de mode, dont profitera la vente des accessoires. » [54]

Et la meilleure question que l'on puisse se poser devant tant d'articles de revues, de journaux ou de magazines, est : Que vend-t-il ? Et pour le compte de qui ? Ce peut être fort loin du sujet apparent. Et bien des querelles culturelles ou politiques n'agitant que de grands principes recouvrent en fait des intérêts économiques étroitement catégoriels. Les débats sur l'enseignement en sont un exemple.

Ne pas choisir

Les fonctionnaires de la culture et leurs commis ont si peur de renouveler l'erreur des musées du siècle dernier qui accumulèrent les œuvres de peintres désormais considérés comme pompiers à tort ou à raison, au détriment de ce que les spécialistes pensent maintenant être la vraie peinture, également à tort ou à raison, qu'ils ne collectionnent plus, ce qui suppose des choix, c'est à dire des goûts et peut-être même du goût, mais accumulent, à peu près comme les bricoleurs qui pensent que n'importe quoi pourra toujours servir. Des éditeurs font de même, et publient d'innombrables ouvrages qui resteront quinze jours chez le libraire avant d'être soldés ou pilonnés. Les magazines de peur de passer à côté de la dernière mode, émiettent les sujets traités. La télévision...

Nous vivons dans une culture pépiante et sautillante où l'on remercie de « *ses analyses et commentaires* » quelqu'un qui n'a pas eu le temps d'achever une phrase. Quant à faire des choix et prendre le temps de les argumenter et de les justifier...

Ne pas être responsable

L'étonnante omniprésence de l'état dans le domaine culturel français, sous tous les gouvernements, qui n'a guère d'équivalent que dans les défunts régimes communistes, permet à une armée de fonctionnaires, irresponsables par définition, puisque ce n'est pas leur argent qu'ils engagent, de faire la pluie et le beau temps en subventionnant qui leur plaît ou souvent qui crie le plus fort, sauf bien sûr en architecture, réservée au Prince. Le mécénat des entreprises va dans le même sens, l'argent utilisé étant en fait celui des actionnaires et des salariés. Le moyen aussi de ne pas faire plaisir à des gens avec lesquels on dîne en ville !

Voler au secours de la victoire

Tel le griot, toujours prêt à célébrer la grandeur des ancêtres de ceux qui le paient, tout ce qui tient plume, parfois à l'envers, est prêt à prédire, parfois même à fulminer, puis à célébrer ,exalter, magnifier la victoire du vainqueur.

Se complaire dans le (dé)passé

Par rapport à l'économique et au politique, qui sont les moteurs de nos sociétés et de leurs changements, le culturel a presque toujours un temps de retard et promeut des valeurs qui ont déjà disparu des champs précédents. De l'intermittent du spectacle à la poupée la plus choyée des médias et de la finance, chacun proclame son travail comme subversif, révolutionnaire ou rebelle, concepts qui ont disparu du politique sauf dans l'imaginaire de quelques sectes.

Manière de voir 57
La culture, les élites et le peuple

Artistes en rébellion [55]

« La chevauchée fantastique de Clara Haskil, piano rebelle. » [56]

Mme Haskil, était pianiste comme chacun sait et non piano, évidemment ! Rien dans l'article qui suit ce titre n'indique la moindre rébellion vis à vis de quoi que ce soit. Qu'importe, cela sonne bien.

On assiste à ce phénomène curieux que le vocabulaire utilisé dans la plupart des pages des magazines n'a plus grand chose à voir avec celui utilisé dans les pages « culturelles ». Les valeurs de la culture officielle datent à tout le moins du début du siècle dernier. Nos intellectuels vivent de mythologies. De même qu'il y a toujours un Saint-Esprit dans la religion catholique, bien qu'il soit pratiquement impossible de trouver un prêtre pouvant vous en décrire la fonction et que les fidèles l'ignorent résolument. Et les références des journalistes ou des enseignants ne le sont plus que pour eux-mêmes.

Prédire l'impensable

Dans beaucoup de domaines, pour attirer l'attention, on s'efforce de mettre l'accent sur des ruptures, sur la venue d'événements jusqu'ici impensables, radicalement nouveaux et qui vont bouleverser ce que l'on pense de tous sujets depuis toujours. On voit mal en effet un journal titrer : « *L'altitude du mont Blanc n'a pas varié de puis hier.* »

« A force de mal enseigner le passé, on permet à toutes les

charlataneries de sembler nouvelles. » [57]

Dans les sciences et beaucoup d'autres domaines, les choses n'évoluent que lentement et les découvertes suivent leur propre rythme. En revanche dans le politique et surtout le politique purement verbal, ou un certain social, ou l'économique, on peut multiplier les effets d'annonce. « *Vous allez voir ce que vous allez voir* » est une recette de camelot qui reste efficace. Tous les huit à dix ans, selon que le pétrole, le dollar, le chômage montent ou baissent, que la pluie ou la sécheresse soient en dehors des moyennes, qu'il y ait plus ou moins de grèves, que ceci ou que cela, on nous prédit une nouveauté radicale bientôt oubliée, contredite ou recouverte par une autre, ou ce qui revient au même, la fin de l'histoire, de la politique, des intellectuels... ou leur renouveau !

« Téléphone, télécopie, Internet. "La révolution en cours n'est pas seulement technologique, économique : elle a de toute évidence une portée anthropologique", souligne Paul Soriano. "La vie en réseau affecte notre expérience intime des fondamentaux de l'existence humaine que sont le temps ; l'espace, la mémoire, l'identité, les institutions, la vie et ce qu'il est convenu d'appeler le réel. " » [58]

Cela fait des titres pour les journaux, cela fait vendre.

« Voyeurisme ou mutation anthropologique ? » titre un sociologue au CNRS [59]. Un sociologue sait pertinemment qu'il n'y a guère de mutations, caractérisées par leur soudaineté, dans les systèmes sociaux. Il y n'y a que de lentes modifications, mais celles-ci ne font point un titre.

« ...il est clair dans ce nouveau contexte que le but des opérations militaires ne se limite plus à « gagner la guerre », mais doit également permettre dans les meilleurs conditions le retour à une situation de paix stable et durable. » [60] C'est à peu près ce que disent tous ceux qui ont un peu réfléchi à la stratégie depuis 2500 ans.

Et dans ce domaine, les intellectuels ne sont pas moins dupes ou complices qu'une certaine presse populaire.

Titre du journal Le Monde: **« Le site du baptême du Christ aurait été identifié en Jordanie »**

Sous-titre : **« De récentes fouilles menées par des archéologues confirment qu'un important lieu de pèlerinage a existé sur la rive orientale du Jourdain aux tous premiers siècles de notre ère. A l'endroit même où Jésus aurait été baptisé par Jean. »** [61] Le sous-titre dément le titre, qui lui, est accrocheur, comme toujours dans la presse populaire. Il ne s'agit pas du lieu du Baptême du Christ, mais du lieu où aurait été baptisé le Christ.

« Macciocchi lit Gramsci … depuis ces deux grandes coupures irréversibles qui définissent désormais un vrai et un faux marxisme : mai 68, la révolution culturelle. Le fait de refuser ou de minimiser ces deux nouvelles réalités serait de l'idéalisme, c'est à dire de l'insignifiance politique. En revanche, lire et travailler Gramsci depuis l'explosion révolutionnaire de mai, depuis la continuation et l'approfondissement de la révolution par Mao et les masses chinoises , c'est à la fois faire vivre une pensée profondément originale et dégager son « impensé », ses germes de développement. » [62] Si les conséquences sociétales de mai 68 furent importantes, ses conséquences politiques furent nulles. Quant à la révolution culturelle chinoise, elle n'a engendré que des millions de morts.

Mais peut-on reprocher à une girouette de faire son métier en tournant au gré du vent ?

Moi, moi, moi...

Enfin, pour les histrions, quels qu'ils soient, qui se bousculent sur le théâtre du monde **«... et ne se représentent jamais à eux-mêmes sans tous leurs titres, tout leur attirail et tout leur train... »** [63], un égocentrisme forcené, infantile, exhibitionniste.

« Nombre de succès littéraires de ces dernières années reposent sur le même principe. Il est même permis de considérer que l'exhibitionnisme est beaucoup plus cru dans l'univers de la culture légitime.. » [64]

Exhibitionnisme parfois déguisé en objet d'étude :

« Pierre Bourdieu, sujet du dernier cours de Pierre Bourdieu. » [65]

Mais le plus souvent utilisé comme seul argument. *« J'ai raison parce que je suis moi... »* est alors décliné sous différentes formes. *« C'est intéressant parce que c'est moi... »* est encore plus utilisé. Si le « moi » des autres devient de plus en plus haïssable, le sien est désormais mis en scène.

« Dans *La vie sexuelle de Catherine M.*, Catherine Millet adopte la démarche artistique de quelqu'un qu se met en scène, -comme un peintre choisit de faire son auto-portrait... » [66]

Et proposé à l'adoration des foules.

« ...rien ne s'oppose plus à ce que les apprentis-meneurs réalisent le rêve soixante-huitard d'étaler sa libido, en soi, pour soi, sans l'alibi de vouloir servir les autres ou un projet quelconque. [...] Chacun flatte, contemple, thésaurise, théorise un ego qui ne passe plus dans les portes. La crise des idées et les règles de la mise en spectacle s'appliquent aux ambitieux de la gloire artiste autant qu'à ceux de la réussite politique. Elles développent le même exhibitionnisme d'un ego décrété prodigieux, à lui seul chef d'œuvre ; modèle du Beau et du Bien. » [67]

C'est pour vous rendre service...

La publicité actuelle utilise beaucoup les nouveaux médias, ordinateurs ou téléphones portables, dont les écrans sont envahis de publicités « ciblées » . ce qui veut dire que vous êtes constamment espionnés (navigation, localisation, etc.) pour vous rendre ensuite service !

En conclusion, peu d'arguments...

Bien d'autres éléments caractérisent la culture contemporaine, mais nous n'en avons retenu que quelques uns parmi ceux qui retentissent sur la façon d'argumenter. Le résultat ? Peu de logique, beaucoup d'affectivité. Peu de rigueur morale, beaucoup d'agressivité voilée. Peu d'intérêt pour autrui, mais un narcissisme exacerbé. Peu de réflexion, beaucoup de verbalisme. Peu d'honnêteté, mais de l'habileté. Peu de raisonnements, mais des figures de style. Au total, beaucoup d'épate, d'esbroufe et de frime.

Au total, aussi, peu d'arguments en tant que tels. On peut lire de façon approfondie un des ces hebdomadaires qui sont une spécialité française, sans y trouver le moindre « argument » retenant l'attention, en bien comme en mal. Une rupture s'est effectuée. Autrefois, chacun raisonnait et s'efforçait d'avoir un raisonnement logiquement correct. Parfois sans trop s'occuper de l'intérêt de ce qui sortait de cette moulinette. Désormais, les scientifiques prouvent. Et les autres, à défaut de prouver ou même de raisonner, se contentent de dire des choses « intéressantes ». Étant entendu que tout ou presque peut être déclaré « intéressant ». Il suffit en général d'avoir les moyens médiatiques de le clamer haut et fort.

« Il n'y a pas désormais, un mois, une semaine, parfois une journée où un fait publicitaire n'est révélé au grand public comme un événement important. Tous les médias s'en saisissent, le commentent ou le critiquent comme une œuvre littéraire ou cinématographique. Les grands quotidiens, en particulier, ont tous imité Libération en créant une rubrique journalière consacrée à la publicité. » [68]

Nous appellerons donc, ici, « arguments » toutes les façons de dire qui ont pour intention ou pour effet, volontaire ou non, de modifier, fut-ce légèrement, la façon de penser du lecteur, de l'auditeur ou du spectateur. **« La stratégie américaine contestée »** titre un journal [69] à propos d'un de ces innombrables pays bombardés par l'aviation américaine. Ce qui laisse entendre qu'il y a une véritable stratégie, même contestable, alors que...

Nous y ajouterons même quelques façons de faire. **« Je veux la rassurer. "Mettez la main sur mon cœur" disait-elle. Elle me la plaça sur la gorge, et quoiqu'elle se trompa en me faisant appuyer sur un endroit où le battement ne devait pas être le plus sensible, je démêlai que le mouvement était extraordinaire. »** [70]

Cela dépasse donc largement les arguments classiquement répertoriés comme tels. Et parfois, il ne reste plus du tout d'arguments.

C'est le cas de la propagande. Si elle est moralement et intellectuellement condamnée lorsque l'hystérie ambiante s'est apaisée, tout le monde en connaît l'étonnante efficacité, efficacité qui fait rêver. Aussi refleurit-elle dès que l'esprit critique est muselé, politiquement, financièrement, idéologiquement, et finalement par autocensure. La publicité est calquée sur elle. La « communication » aussi. Et la prégnance de ce modèle explique en bonne part l'absence de véritable argumentation logiquement développée dans la culture contemporaine.

Il faut avouer aussi que l'argumentation est de peu de portée face à la violence

« - A quelle sauce voulez-vous être mangés ?

- Mais on ne veut pas être mangés du tout !

- Alors, on cogne. » [71]

Pour prendre deux exemples, certes oubliés, mais qui furent des modèles célèbres pendant deux millénaires, ni Démosthène [1], ni Cicéron [2] n'ont atteint leurs objectifs politiques. Curieusement, ils restent convaincants, intellectuellement, à deux mille ans de distance, alors que toute leur science n'a concrètement servi à rien. Et à côté de la violence physique, il y a la violence institutionnelle, la violence intellectuelle, celle de l'argent, de l'ambition, de la bêtise... Peu de débats ont lieu entre hommes de bonne foi et de bonne volonté !

---

[1] Né en 384 av. J.C. Le plus prestigieux des orateurs athéniens. Prononça de nombreux discours contre Philippe de Macédoine qui voulait asservir sa patrie, finalement conquise par Alexandre, fils de Philippe. Se suicida en raison d'intrigues.

[2] Né en 106 av. J.C. , avocat, écrivain, homme politique, fut assassiné lors de guerres civiles par ceux qu'il avait combattu. Considéré comme un des meilleurs écrivains latins.

I° PARTIE   LA VANITÉ

« O Vanité ! Cause première ! »
P. Valéry.

Je suis génial

> « Je ne me sens nullement indisposé à la vue d'un homme de loi, d'un coupe-bourse, d'un colonel, d'un bouffon, d'un lord, d'un maître d'armes, d'un politicien, d'un souteneur, d'un médecin, d'un mouchard, d'un suborneur, d'un avocat, d'un traître ou de leurs consorts : ils ne sont que des phénomènes normaux et dans l'ordre des choses. Mais c'est quand je vois ce magma de difformités et de malfaçons, tant morales que physiques, se combiner avec l'orgueil, que mon impatience éclate. »
>
> Swift. [72]

L'argument du génie est l'argument fondamental de ceux qui peuvent en disposer, car il a l'immense avantage de dispenser de toute véritable argumentation. Ce que dit un génie est à la fois prodigieux quant à ses conséquences et à peu près incompréhensible dans sa formulation pour le commun des mortels. Passer pour un génie permet donc de proférer des banalités indéchiffrables, géniales par définition, des oracles.

Cependant, le monde étant mal fait, le génie de ceux qui se croient géniaux n'est pas toujours reconnu ni proclamé avec toute la vigueur, l'enthousiasme et le sérieux nécessaires. Il est donc essentiel de l'annoncer soi-même. Il est certes plus crédible de le faire dire par d'autres, mais cela suppose à tout le moins qu'on le laisse entendre et qu'on organise la délivrance du message.

La publicité, elle, le dira carrément : **« Innovation, espace, confort pour ce bateau très design qui n'a pas fini de parler de lui. »** [73] Habituellement, on fait parler de soi, au propre comme au figuré, mais il est assurément plus simple de parler soi-même de soi. Ce n'est probablement même pas un lapsus.

Les « intellectuels », eux,   le laisseront entendre. B.H. Lévy :

« **Créer des corridors culturels qui permettraient aux artistes et écrivains bosniaques, qui sont l'âme de la résistance, de sortir, souffler un peu et venir surtout se ressourcer dans les métropoles européennes.** » A quoi pense un intellectuel bosniaque sous les bombardements ? A se ressourcer auprès de B.H.V. [74]

Cela agace certains.

J.B. Rousseau : « Il s'écoute, il se plaît, il s'adonise, il s'aime. » [75]

A propos d'un architecte. **« La réalité construite ayant peu d'importance par rapport à la pensée, surtout la sienne, il convient de parler d'abord de l'homme, ensuite seulement de l'architecture, géniale, forcément. Tschumi est déjà classé par les encyclopédies dans les déconstructivistes… Et déjà le rouleau compresseur est à l'œuvre, l'indispensable *logos* , sans quoi le génie du maître n'est rien. »** [76] Il s'agit de ces architectes, qui construisent peu (heureusement !), mais qui font savoir haut et fort qu'ils sont géniaux.

 A propos d'un écrivain. **«Voilà un homme qui a du talent, c'est une évidence. Et qui s'accorde du génie, autre certitude. Jean-Edern Hallier se contemple en son écritoire, et ce qu'il y voit le ravit, l'enchante, le submerge. Quel souffle, quelle vivacité, quelle férocité, quel Moi ! [...] Il écrit moins qu'il ne se lit lui-même dans un émerveillement constant.»** [77]

Mais, malgré cette critique, bien des auteurs se laissent emporter par l'admiration, si justifiée, qu'ils se portent.

« **J'ai eu une réaction très curieuse et belle aussi.** » [78]

Je suis différent

« **Je rêve de l'instant béni où la télévision cessera de donner la parole aux gens qui n'ont rien à dire sous prétexte qu'ils incarnent la fameuse majorité jusque là silencieuse.** » [79] A propos d'une émission télévisée sans intérêt et de la banalité des propos qui y sont tenus. Pour souligner que les minorités bavardes atteintes de psittacisme, dont l'auteur fait partie, ont elles, évidemment, des choses à dire. Mais, **« A force, la parole publique a été monopolisée par quelques camelots, prisonniers de la rhétorique publicitaire. »** [80]

Je suis inclassable

« En outre, voilà un mot qui sied à cet homme vif et rapide, agile et rusé, direct aussi, passé maître dans l'art du contre-pieds de l'esquive, de l'ellipse et de la fugue. Son secret ? La vitesse :sa stratégie et sa défense pour échapper à toutes les emprises. Celles du temps et de la mort, de l'ennui, de la bêtise et de la haine, de la misère sexuelle ambiante, de la société du spectacle, des embrigadements de toutes sortes: familles, Églises, partis, sectes... Sans oublier le clergé, qui ne sait d'ailleurs plus à quelles étiquettes le vouer. Mais voilà Sollers échappe à tous les genres. » [81] Le génie, vous dis-je ! La journaliste a du faire un copier-coller du papier de la Dir. Com. de M. Sollers.

A propos d'une starlette. **« Elle est comme çà, Jeanne. Incapable d'adopter un masque, de travestir un discours. [...] Le mystère de J. B. n'est pas celui, factice de jeunes starlettes à la retenue étudiée, aux silences boudeurs. Le caractère inquiet, indomptée, elle reste incertaine, s'interroge, doute jusqu'à donner l'impression de ne s'appartenir qu'à tâtons . »** [82] A

Je suis atypique... et bien plus

Une façon apparemment modeste de prétendre à une personnalité hors du commun et à une carrière éblouissante est de simplement laisser entendre que celle-ci est atypique, c'est à dire loin des sentiers battus et rebattus que fréquente l'ordinaire des gens... et des concurrents.

« Guillemette de Sairigné. - Étonnante cette première biographie sur vous écrite par une romancière, Carmen Castillo, et un professeur de droit, ancienne directrice du livre au ministère de la culture, Evelyne Pisier...

Sonia Rykiel. - Mon parcours est tellement atypique ! Pour en rendre compte, il fallait des personne extérieures à la mode. Seule une vraie intellectuelle – ce que toute ma vie j'ai rêvé d'être – comme Évelyne Piser pouvait comprendre cette force qui m'habite, l'acharnement que je mets à faire ce métier époustouflant et épuisant, ce métier de fous qui ne me laisse jamais une minute de répit, alors que je n'étais pas faite pour lui. »

« G. S. - Du coup, lorsqu'un défilé approche, vous êtes dévastée :

« L'habit entre en moi, me mage l'âme, me bouffe le corps... »

S. R. Au bout de trente deux ans de mode, je suis toujours la même, le front broyé par la migraine, détruite désespérée, persuadée que je ne sais pas, que je ne saurai jamais. »

[...] J'aurais appris la couture dans une école, jamais je n'aurais eu la même liberté ; Jamais je n'aurais osé retourner les vêtements, jamais je n'aurais osé défaire des ourlets, faire des superpositions, supprimer les paddings, les doublures. »

[...] Mais vous avez raison, j'adore le pouvoir, les hommes de pouvoir, les signes extérieurs du pouvoir, même si cela peut sembler une peu ridicule. Je porte mes décorations- officier de la légion d'honneur, officier des Arts et des Lettres-, j'y vois une reconnaissance méritée de ce que j'ai donné à la France. »

[...] « A force de sentir sur moi le regard des autres, je suis devenue très narcissique, j'ai passé ma vie à me regarder : d'ailleurs des portraits de moi, il y en a partout ici (par Andy Wharhol....)

G. S. - Qu'en est-il de votre succession ? Certains ont vu dans le choix de votre fille Nathalie comme image du dernier parfum maison comme une transmission de témoin...

S. R. -Notre relation est sublissime, c'est un cadeau du ciel que d'avoir cette enfant à mes côtés, je ne peux me passer d'elle, pas plus qu'elle ne peut se passer de moi. Mais son rôle n'est pas de créer. Pour ce qui est de ma relève, le jour où je me réveillerai en ayant perdu le désir de me bagarrer, de rebondir sans arrêt dans des pulsions, des émotions étourdissantes, alors je dirai « j'arrête », c'est aussi simple que çà. Tant que je ne le dis pas... . [83]

Le dernier paragraphe est particulièrement révélateur. Il y a un seul Créateur et le génie ne s'hérite pas, ne se transmet pas... Après moi, rien !

J'ai du cœur

M. Aubry : **« J'ai fait le choix du cœur. Mes copains ministres me disaient : " Tu ne seras plus rien si tu quittes tes fonctions pour la mairie de Lille. " Mais j'ai toujours fait ce que je voulais. »** [84] A quoi l'on pourrait répondre : « *Aut regem aut fatuum nasci* *oportet· "*

Je parle bien

M. Le Bris : « **Nous croyons que les grandes œuvres naissent de cette tension, de ce rapport d'incandescence entretenu avec le réel.** »[85]

H. Maldiney « **L'art n'est pas constitué d'objectivités irréelles, mais de réalités inobjectives.** »[86]. Heureusement car si l'art était constitué d'irréalités objectives, où irions-nous ? mon Dieu !

Du même : « **Une œuvre d'art n'est pas un objet de représentation et je n'existe pas à me la représenter. Elle n'est soluble dans aucune représentation qu'on puisse se donner d'elle. Son existence se dérobe à toute activité consciente et libre qui en revendiquerait la responsabilité. Son altérité irréductible, opposable à son auteur tout autant qu'à son récepteur, est la marque des sa transcendance. Mais cette altérité soustraite à notre pouvoir n'est pas opaque comme celle de la chose. C'est un altérité rayonnante au point de disparaître dans son propre rayonnement.** »[87] L'auteur a du mal assimiler un *Que sais-je ?* sur la physique des particules !

A propos des vœux du Président de la République aux Français le soir du 31 décembre : « **Un exercice rhétorique doit d'abord être évalué en termes de rhétorique. Celle du chef de l'État fut résolument ternaire... On reconnaît là une figure d'harmonie, car l'esprit se complaît à ce qui va par trois... Les assertions présidentielles groupés en triolets en structure fractale ont bercé l'âme au lieu de l'inquiéter.** »[88] Quel que soit le sens donné ici à triolet, on voit mal ce que les fractales ont à voir là-dedans. Et si « triolet » renvoie seulement à la notion de trois, on voit également mal ce que le nombre trois a de spécifique aux algorithmes de Julia ou de Mandelbrot. Mais le mot est joli, à la mode, difficile à définir, toutes raisons pour s'en servir à tenter d'éblouir.

Et d'autres en font autant. J. Baudrillard : « **Guerre fractale de toutes les cellules, de toutes les singularités qui se révoltent sous forme d'anticorps.** »[89]

Je suis cultivé

« **Il reste, pour parler comme Hegel et Kojève, quelques**

"provinces " de l'empire spectaculaire universel qui ne sont pas "alignées " et où il est difficile, quelque goût que l'on ait de l'ubiquité, de continuer de s'intéresser aux résultats des municipales ou aux remous provoqués par l'édition du journal de Paul Morand. » [90] Passe pour Hegel, que chacun a étudié à fond pour passer son baccalauréat. Mais le controversé Kojève est là pour impressionner le lecteur.

P. Sollers : « **Mais qu'est-ce qui est vraiment lu ? La Bible, Homère, Parménide, Héraclite, Empédocle, Platon, Aristote, Shakespeare, Sade, Lautréamont, Rimbaud, Mallarmé, Joyce ? Vraiment ? Vous êtes sûrs ? »** [91]L'auteur n'a évidemment repris, un peu au hasard, que les auteurs « sacrés » qui s'empilent sur sa table de chevet.

Je conceptualise

Titre d'un article consacré à *Un Olympe en ordre* de Fl. Noiville : « Une Olympe éclairée. » Il ne s'agit évidemment pas d'un lapsus, mais d'une conceptualisation audacieuse, novatrice et féconde ! L'auteur distingue fort justement deux Olympes, le séjour des dieux l'Olympe au masculin puisqu'il s'agit d'un lieu et la montagne, l'Olympe au féminin puisqu'il s'agit d'une montagne.[92]

Je vais à l'essentiel

« **Avec le temps, j'ai appris à jeter tout ce qui n'est pas nécessaire, les paillettes, les flonflons, les accessoires, pour rechercher l'essentiel.** » [93]

Je sais tout

C'est un travers classique et les classiques s'en étaient déjà moqué.

Arnaud et Nicole « **L'autre cause qui fait tomber les hommes dans ce sophisme est la sotte vanité qui nous fait avoir honte de reconnaître nôtre ignorance; car c'est de là qu'il arrive que nous aimons mieux nous forger des causes imaginaires des choses dont on nous demande raison, que d'avouer que nous n'en savons pas la cause, et la manière dont nous échappons de cette confession de notre ignorance est assez plaisante. Quand nous voyons un effet dont la cause nous est inconnue, nous nous imaginons l'avoir découverte, lorsque nous avons joint à cet effet un mot général de vertu et de faculté, qui ne forme dans notre esprit** aucune autre idée, sinon que cet effet a quelque cause, ce que nous savions bien avant que d'avoir trouvé ce mot. »[94]

« Pour en finir avec les préjugés et les aveuglements. »[95] Grâce à l'auteur, nous allons enfin atteindre la vérité !

« Retraites : en finir avec les contre-vérités » [96] Vous saurez tout sur le z..., le grand le p'tit...

« La sociologue Dominique Schnapper va entrer au Conseil constitutionnel.... M. Poncelet souhaitait à la fois une femme et une non-juriste, capable de porter un regard original sur les projets de lois... Son choix s'est arrêté sur cette universitaire de soixante six ans, fille du sociologue Raymond Aron, qui est depuis vingt ans directrice d'études à l'École des hautes études en sciences sociales. Écrivain et membre de nombreuses commissions officielles, Mme Schnapper s'est investie dans le débat intellectuel et la vie publique sur des sujets aussi divers que la judéité, l'immigration, l'intégration, la citoyenneté, l'emploi, l'Europe, l'éducation et l'exclusion. » Nous espérons que l'auteur n'a rien oublié...[97]

« Tout le monde semble ignorer la capitale différence qui existe entre le communisme entendu comme étiquette politique et comme visée historique. » [98] Tout le monde, sauf l'auteur, heureusement qui, lui... On notera, par ailleurs l'utilisation de ce bon vieux distinguo entre principe et réalité, pays légal et pays réel, Église de Dieu et église des hommes. Mais ce sont dans les vieux pots qu'on fait les meilleures soupes.

Je peux parler de tout

J. Kristeva : « Cet institut ... développera, au niveau national et européen, " l'esprit de décloisonnement des pratiques et des disciplines, ainsi que leur ouverture à l'histoire, à la cité, à l'inconscient, au corps, au plaisir et à la vérité – autant de perspectives qui ont guidé l'œuvre de Roland Barthes et qui restent à repenser à l'heure actuelle." » [99]

« Le romancier... fait éclater les frontières entre réel et cauchemar, entre folie et santé mentale, entre passé, présent et avenir. » [100]

« Le n° 10 de la revue dirigée par R. Debray, « Lux des lumières aux lumières » croise le scientifique, le philosophique et l'artistique, réunit spécialistes du livre, des images, de la scène, de l'électricité, des religions, ... pour explorer *"les jointures du spirituel et du matériel"* ; l'évasion hors des ténèbres et l'initiation par l'éclat artificiel, naturel ou métaphorique qui remet en cause le mythe d'un soleil identifiable à la raison ; l'apport de l'électronique aux livres de lumière. » [101] Il s'agit d'un court article non signé. La confusion du texte résulte peut-être de quelques « mastics » dus à une relecture négligée. Il est possible aussi que l'auteur ait retenu le bon principe : *Au commencement était le verbe... et le verbe était Dieu.* C'est à dire qu'il ait aligné des mots pour leur seule sonorité en négligeant leur sens suivant un système proche de l'écholalie. Après tout, l'Esprit-Saint procède souvent ainsi.

A propos d'un projet de loi, permettant aux enfants de porter le nom de leur mère, B-H. Lévy : « **Je passe aussi sur la grande confusion à laquelle donnerait lieu cette loi si elle voyait effectivement le jour ; désordre des appellation, tentatives d'appropriation ou de rapt symbolique des enfants, querelle des géniteurs, vertige des possibles et de la décidabilité absolue, enfants-otages ou enfants-rois, tractations, revirements, volontarisme effréné, autonomie tous azimuts, illusion faustienne, querelle encore, guerre des sexes toujours plus loin relancée quoique cette fois sur le dos des enfants – est-ce là le prix à payer pour la « révolution culturelle » qu'on nous promet ? l'égalité homme femme, la parité, la lutte contre un « patriarcat » éternellement renaissant avaient-elles pareil besoin, sérieusement, de cette tempête dans les identités, dans les têtes ? »** [102]

Je fais tout

« **Réfractaire, acharnée à crier sa vérité au mépris des interdits, à ruer, dénoncer les théâtre de la cruauté, s'extirper du « drap social », surprendre le mensonge en flagrant délit, prendre des risques, bousculer les conformismes, confesser les blessures et les rages de son corps dolent. »** [103] Rassurez-vous, il s'agit d'une romancière qui publie des livres correctement imprimés chez un éditeur ayant pignon sur rue !

Je tranche de tout

« **Aucun peuple ne peut vivre longtemps sans une idée claire de**

son rôle dans l'histoire. »[104] Mais si, des milliers de peuples ont vécu des milliers d'années sans idée du tout et de leur rôle et de l'histoire. L'humanité ne se réduit pas aux petits blancs de ces derniers siècles.

« Réflexions sur la guerre, le mal et la fin de l'histoire » Pub B-H Lévy. [105] Quel dommage que le titre : *De omni re scibili*, (à propos de tout ce que l'on peut savoir) ait déjà été pris !

J'ai tout compris

« Si le numérique n'était resté qu'une servile prothèse calculatoire, l'informatique ne serait pas cette dérive des continents, cette refondation géologique qui nous atteint tous où que nous soyons, quelles que soient la solidité de nos repères et l'autorité de nos pères. Selon des rythmes divers, toutes les formations sociales vivent les premières secousses d'une révolution industrielle et urbaine sans équivalent, dont l'enjeu n'est rien moins que le remplacement de la nature par l'information (Deleuze) ; avec à la clé la recomposition des grandes matrices culturelles - mémoire, communication, savoir, imaginaire - dont se rompt le cordon ombilical qui les rattachait à leurs supports et surfaces d'inscription. » [106]

P. Sollers : « Éloge de l'infini. » Il n'y a guère que Dieu et M. Sollers pour pouvoir parler de l'infini en connaissance de cause.

Je suis le seul à avoir compris

J. Baudrillard **« Personne ne semble avoir compris que le Bien et le Mal montent en puissance en même temps, et selon le même mouvement. »** [107] Heureusement qu'Baudrillard existe, sinon il faudrait l'inventer.

Les autres sont des girouettes

B-H-L. **« Étrange comme le vent tourne et comme certains observateurs peuvent, si vite, perdre leur sang-froid. La question de l' « enlisement », par exemple. L'idée répétée jusqu'à la nausée, 'une Amérique enlisée, embourbée dans une guerre longue et qui tournerait , sic, au fiasco. Longue par rapport à quoi , au juste ? Où a-t-on pris que cette guerre devait être courte. »** [108] La « pensée » de M. Lévy constitue un des temps forts de notre époque. C'est peut-être le système théorique, ou plus précisément le système magico-religieux, qui la représentera historiquement. Il a donc des idées et ses amis des opinions. Quant à tout ceux qui ne participent pas à la création de valeur pour lui, ils n'ont ni l'un ni l'autre : ce sont de pures girouettes !

Je suis en avance

« J'ai ouvert une brèche. J'ai été la première à parler du corps mutant, même si le sujet était dans l'air. Les artistes sont ainsi : des chroniqueurs de leur temps qui ont pris un peu d 'avance.» [109] Ou de retard, car la même se contredisant : **« L'avant-garde n'est plus dans l'art. Elle est dans la génétique, elle est dans la biologie. Qui est prêt à affronter cette situation ? »**

Je suis tellement en avance que cela en est provocant

Dialogue entre P. Sollers, PDG de tout et M. Messier, PDG de l'ex-Générale des eaux.

« P. S. Ce qui est intéressant ? D'imaginer que notre dialogue va déranger.

J-M. M. On vient de traverser une décennie de conformisme sur tous les plans : économie, politique, littérature, cinéma et ... même critique. Rien de pire que le critiquement correct ! Quand on écrit comme vous, quand on agit comme moi, la provocation est un devoir, faute de quoi on se trahit.

P. S. Je ne reprendrai pas forcément le mot provocation : l'adversaire qualifie toujours ainsi l'innovation. J'en ai une grande habitude :voilà trois siècles que l'on me traite de provocateur » [110] M. Sollers est trop humble à son habitude, Aristote, il y a plus de deux mille ans, le critiquait déjà, sottement. Et qu'y a-t-il de moins provocant qu'un vieil enfant dont les grimages et les grimaces ne font plus rire.

Je combine les contraires

« François Pinault voudrait qu'on soit à la fois dans une cathédrale et dans une église romane, la monumentalité et le recueillement. Il a le souci de conjuguer une véritable invention de l'architecture et en même temps une intériorité et une simplicité du lieu, ce qui n'empêche pas la force... » F. Barré directeur du programme de la fondation Pinault. (musée d'art contemporain) [111] Avec beaucoup d'argent, pourquoi pas ? C'est du moins ce que pensent ceux qui ont beaucoup d'argent.

Je suis un provocateur... riche

Sous le titre **« Le provocateur du Net »**, un journaliste fait le publi-portrait d'un homme riche de notre époque de Net-économie. La richesse étant chose un peu fade pour ceux qui la possèdent, il faut bien la pimenter, tout au moins aux yeux du public. Donc**, « affiche des portraits de Marx, Lénine et Mao dans le hall d'entrée de son entreprise. »**... **«Déclare que l'Internet est le fils naturel de Proudhon et de Bakounine. »**... **« [prend] plaisir à choquer les bien-pensants. »** Affiche un style de vie particulier : **« Je vis avec plusieurs femmes sous le même toit, mes deux fils ont plusieurs mamans. »** Enfin on apprend qu'il avait déjà ses aises grâce à la revente de deux entreprises ... puis grâce à son association à une prospère messagerie rose... et que papa était polytechnicien. Enfin, il est riche. Est-il provocateur ? On peut en douter. Mais cela s'achète manifestement, comme le reste. [112].

Je suis indispensable

« Le procès que l'on fait périodiquement aux intellectuels est un procès de magie : l'intellectuel est traité comme un sorcier pourrait l'être par une peuplade de marchands, d'hommes d'affaires et de légistes ; il est celui qui dérange des intérêts idéologiques... Un tel procès peut exciter périodiquement la galerie comme tout procès de sorcellerie ; son risque politique ne doit cependant pas être méconnu : c'est tout simplement le fascisme, qui se donne toujours et partout pour premier objectif de liquider la classe intellectuelle. »

Comme ce que disent beaucoup d'intellectuels n'intéresse qu'un cercle étroit de collègues, il faut se donner de l'importance à tout prix en mettant en avant des signifiants dominants. Ici, le fascisme !

Mais cela ne suffit pas à convaincre tout le monde : **« Ce que nous apercevons autour de nous, c'est l'exemple mille fois répété de la défaillance des intellectuels, de leur conformisme vertigineux, de leur aptitude à subir (ce qui serait à la limite pardonnable),mais à servir et à saluer n'importe quoi, à lécher les pieds de n'importe quelle idole [...] Il y a, à la place d'honneur, les pièces de premier ordre, les grands traîtres à la cause de la vérité et de l'esprit, les** criminels qualifiés, ceux qui ne se contentent pas de se taire, d'obéir, mais qui se battent à qui criera le plus fort contre la raison, le droit, la justice, à qui piétinera le plus puissamment la liberté humaine, la conscience humaine, l'idéal de la paix et du travail. Mais à côté de ces vedettes, il y a la foule des petits lâches, ceux qui ne disent que la moitié - ou le quart de leur pensée, parce qu'ils ne veulent pas se priver de certains honneurs, de certaines considérations. » [114]

Je suis écouté

J. Daniel : « **Quelques princes m'auront accordé une vraie considération, au point d'accepter de moi toutes les critiques qui, proférées par d'autres, les rendaient hystériques.** » [115] C'est la définition même des bouffons, *« fous en titre que les rois et même les grands avaient à leur service. Leur maître leur accordait une grande liberté, et c'était à eux de s'en servir adroitement pour faire passer des vérités quelquefois offensantes. »* Dict. Bescherelle, 1853.

Tout le monde me connaît

J. Le Carré : « **Voilà dix ans, j'assommais tout le monde avec mon idéalisme en racontant à qui voulait l'entendre que nous étions en train de rater une occasion unique de transformer le monde... »** [116] Mais non pas tout le monde, pas l'auteur de ces lignes en tout cas, qui ne sait pas trop ce que fait ce Monsieur, dont le nom lui dit quelque chose, mais quoi ?

Je fréquente des génies qui me traitent d'égal à égal

« **Aurait-il aimé m'allonger [sur son divan de psychanalyste] ? C'est probable. Je me suis contenté d'un hommage dans son séminaire** *Encore :* **"Sollers est illisible, comme moi."** **J'ai trouvé que ce n'était pas vrai, mais que çà n'avait aucune importance. »** ... « **j'aime revoir sa signature sur mon exemplaire des** *Écrits* **: "On n'est pas si seul, somme toute".** » [117]

Je suis le Seigneur

Un lettre de l'association du Vajra triomphant : « **L'argent du Mandarom a pour origine ... la vente des vingt deux ouvrages écrits par sa Sainteté le Seigneur Hansah Manarah... »** [118] Plusieurs êtres humains portent le titre de sa Sainteté : le pape, le dalaï-lama, etc. Mais seul Dieu est dénommé Le Seigneur, du moins en occident. Mais après tout, il y a bien une centaine de personnes qui le croient.

Y a qu'à...

« Face à ce scandale, face à cet outrage à la conscience universelle, face à ce qu'un tribunal pénal international qualifiera peut-être un jour de complicité de crime contre l'humanité [...] il faut se résoudre à l'évidence : l'ONU a fait son temps ; le temps de l'ONU est révolu ; il faut en finir avec cette farce macabre qu'est devenue l'ONU ; il faut dans les temps où nous entrons, imaginer et construire une autre "organisation des Nations unies ". [119] Où ? quand ? comment ? Aucune réponse évidemment. L'essentiel est d'écrire, d'être publié, peut-être lu, ou mieux cité. Il s'agit de « communication » personnelle et non d'action politique.

Tout est dans tout et réciproquement

M. Leiris : **« C'est aux dernières limites du possible, sur les confins les plus lointains des apparences, à l'extrême pointe vers laquelle convergent toutes les directives confondues, voire même au-delà, dans cette région où ne peut plus se rencontrer que la conjecture audacieuse ou bien plutôt l'étonnement sans mesure, que s'effectue la plus profonde et la plus énigmatique peut-être des démarches que tente l'esprit de l'homme, celle par qui s'élabore secrètement le Merveilleux. »** [120]

« Trait d'union également entre les émotions, précise F. Bernard, parce que le blanc concentre le regard sur l'équilibre ou la tension des lignes, la qualité de la matière, la poésie ou la banalité d'une fonction, les jeux de transparence ou d'opacité, de structures. » Il s'agit de la couleur blanche dans les arts de la table. » [121]

Il pourrait évidemment s'agir tout aussi bien de la couleur noire.

I am so busy

« Cette semaine pêle-mêle (pas mal d'avions, donc romans...) : [et l'auteur de citer quelques romans venant de paraître.] » [122] Je suis tellement sollicité...

Il est génial

On considère généralement comme plus authentique un sentiment exprimé par autrui que l'auto-proclamation de ses propres qualités. Il n'est donc que de trouver quelqu'un qui soit prêt à le faire. Beaucoup de textes ne portent donc absolument pas sur le sujet traité, qui n'est qu'un prétexte, mais sur l'individu sur lequel il est écrit pour le présenter comme un auteur « *absolutely fabulous* ».

On s'en moque.

« Dans ce machin-là, commenta Céline, après avoir laissé durer un silence cruel, y a une profondeur terrible. A entendre, comme çà, on croirait que c'est de la frime de chicandier, des petites vapeurs de nib de pouic, mais faut pas s'y fier. Mois qui suis connaisseur comme pas un, j'entrevois là-dessous un monde de sous-entendus. Y a de l'allusion qui fait penser, du je-ne-sais-quoi vertical qui vous vertigine dans la tronche, et de l'insidieux, et de la troublance, et de la métagnostique affreuse. » [123]

Et on l'utilise.

L'Humanité, organe du parti Communiste : **« Dans l'exposé magistral qu'il a fait le 2 septembre, à la salle de la Mutualité, Jacques Duclos a posé, avec une clarté admirable, les problèmes économiques de l'heure. »** [124] M. Duclos était à l'époque, un des responsables du Parti Communiste.

« Michael Löwy retrouve le ton fougueux et la radicalité subversive des surréalistes pour faire vibrer cet ''état d'insoumission, de négativité, de révolte, qui puise sa force positive, érotique et poétique dans les profondeurs cristallines de l'inconscient, dans les abîmes insomniaques du désir, dans le puits magique du principe de plaisir, dans les musiques incandescentes de l'imagination.'' » [125]

« Elle appartient à une génération littéraire qui a le choix entre l'existentiel risqué, le ludisme futile et le pari sur l'existence d'une communauté de lecteurs cultivés et exigeants, ayant le goût du jeu, à la façon des grands rhétoriqueurs du XV° siècle ou des surréalistes. » [126]

« ... dans des textes incisifs, où s'est déployée une manière de génie de l'intuition conceptuelle bardée d'un bricolage théorique

jamais pesant. » [127] Tous les mots sont là même s'ils sont accolés de façon in-usuelle et in-signifiante.

« Liés autour d'une pensée toujours plus cohérente, en extension, les textes de cette suite à ... s'insèrent dans les stratégies poursuivies par ... de livre en livre, de romans en essais, et dans la dynamique d'une vaste réflexion, inexorablement fidèle à la liberté, la mobilité, au refus des limites, à l'affrontement aux impostures et leurs faits accomplis. » [128]

« Célébration de la vie, happée à même son activité, sa passion, non pas béate et niant l'horreur, l'infamie ou même en consolant, mais incluant, au contraire, la détresse, le tragique pour en extraire l'énergie et les rétablir au sein des dignités âpres de la beauté et de sa puissance insurrectionnelle. » [129] Ou de l'hagiographie d'un Confesseur et Martyr.[3]

D'où, aussi, ces pubs déguisés, où des journalistes proclament tout à fait « objectivement », les qualités de tel ou tel produit.

« La crème déshydratante des laboratoires Clarins est composée d'extraits phyto-marins, de lapacho (arbre), de lupin blanc (plante herbacée), de cactus. Elle est blanche et onctueuse. Elle s'adresse aux femmes de tous âges. Présentée en pots de 50 ml, elle s'applique matin et soir et révèle des vertus anti-fatigue. » [130] La journaliste a, semble-t-il, simplement recopié une partie de la pub du produit.

Nous sommes géniaux

Nous, français...

1940.

« Jamais deux sans trois ? ... La volonté française a fait mentir le proverbe. Disons la volonté au service de l'intelligence contre la

---

[3] « Tout cela nous remet en mémoire cette vieille blague juive de Moshe allant faire une visite à son copain fripier Yossele. *"Mais,* s'offusque-t-il en voyant la marchandise proposée, *ces habits sont immettables !"* Imperturbable, Yossele répond : *"Tu sais bien, Moshe, c'est pas pour mettre, c'est pour vendre. "»* L. Rosenzweig, le Monde, 16/3/2001.

force brutale. Française est l'invention des tanks. Allemande est leur utilisation colossale. Mais française encore la parade.... cette bataille de l'intelligence, elle nous revient sur les Allemands - de droit. » [131] Huit jours plus tard, l'intelligence française était effroyablement écrasée !

1944.

« Pendant plus de quatre ans le peuple de Descartes, de Voltaire et de Pasteur a été traité, en ce qui touche les choses de l'esprit, comme le plus orgueilleux des conquérants n'oserait point traiter une peuplade de la Polynésie. » [132] Si les allemands avaient traité les français encore plus mal que les français ne traitaient les peuplades de Polynésie qu'ils avaient colonisés, cela avait effectivement du être l'horreur.

« Paris attend la division Leclerc

Mais il se libère de lui-même et le monde entier célèbre déjà sa libération. » [133] Bel exemple du nombrilisme français toujours persuadé que le monde entier a les yeux fixés sur lui.

« Pour cela, reprendre le travail. Chacun à sa place, chacun décidé à produire l'effort maximum

C'est ce que firent nos pères en 1793, quand sous l'impulsion de Carnot , ils transformèrent les pays tout entier en cet immense chantier où furent forgées les armes de la victoire, qui libérèrent le monde. » [134] Ils libérèrent au mieux quelques pays européens et seulement durant quelques années. D'autres répondirent par des guérillas acharnées. Quant au monde, il est autrement vaste.

Nous, communistes...

« Il y a longtemps que la science du communisme a prévu et annoncé les causes de tous ces bouleversements. » [135]

Nous, intellectuels...

> *« Les boursouflures naïves de l'orgueil, les enfantillages solennels d'écoliers passés à l'état de grands hommes et s'admirant à tour de rôle, l'art érigé en mystère, la poésie en*

> *sacerdoce, Orphée greffé sur Janotus [4] : tels furent les travers et les ridicules qui compromirent dès le premier jour cette généreuse croisade. »*

C. Lenient, La satire en France, Paris 1886.

Un « intellectuel » c'est à dire un journaliste agrégé de philosophie, ayant donc compétence naturelle sur tout ce qui ne demande aucune technicité, (« des gens dont les insuffisances de savoir et de raisonnement sont patentes. [136] ») publie un ouvrage sur la « fin des intellectuels ». Pour promouvoir son ouvrage, il obtient du journal le Monde une double page sur ce thème, ce qui permet de donner la parole à d'autres « intellectuels » et d'aboutir ainsi à une promotion collective. « Essentielle, cette « grande alliance » des intellectuels et des journalistes... » (B.H. Lévy [137]: Effectivement essentielle, car sans les journalistes qui parlent d'eux, les « intellectuels » n'existeraient guère. Plutôt que de « grande », on devrait plutôt parler de Sainte alliance. [138] Il est dommage que les prix qui récompensent les meilleures publicités ne distinguent jamais ces publicités déguisées, pourtant fort sophistiquées.

P. Sollers : **« A l'occasion de cette offensive liée à la marchandisation se réveillent les vieux ressentiments d'une moyenne intelligentsia qui a souffert de l'hégémonie des grandes têtes pensantes. Le règne des Barthes, Foucault, Lacan, Derrida a laissé dans l'ombre toute une série d'auteurs qui cherchent aujourd'hui leur revanche. »** [139]

Ce sont les rois qui règnent. L'avantage des rois, c'est de le devenir par hérédité sans jamais avoir à prouver la moindre compétence. Les quatre personnes citées n'ont jamais fait d'ombre ni aux savants ni aux chercheurs, qui se contentent de publier dans des revues scientifiques et de tenter de faire avancer la connaissance. Ils ne jouent pas le même jeu. Mais le point n'est pas là. Il est de faire compter M. Sollers parmi les « grandes têtes pensantes ».

Mme Kristeva : **«... ceux qui déclarent la mort des intellectuels devraient visiter les universités françaises, le CNRS... D'ailleurs,**

---

[4] Janotus ou Janot, type comique personnifiant la bêtise. Larousse.

le sérieux et la modernité des recherches françaises ne cessent d'être soulignés à l'étranger. » [140] Exactement, mais, sauf exception, les vrais chercheurs n'ont rien à voir avec les « intellectuels » à la française.

Nous, Européens...

Il s'agit ici, non pas de génie, mais de cette supériorité qu'ont la France, pays des droits de l'homme, et quelques pays voisins qu'elle a heureusement civilisés.

Dans le texte ci-dessous, les auteurs, très maladroitement, prennent un ton supérieur et veulent donner une leçon à ces pauvres américains retardés. Rien de tel pour agacer l'autre, l'empêcher de vous écouter et le faire s'arc-bouter sur ses positions ! Une telle erreur laisse pantois.

« Chers Américains,

Vous êtes la première puissance mondiale et prétendez souvent au rang de modèle pour l'humanité.

Nous nous adressons à vous en tant que peuple ami, proche et critique comme sait l'être tout ami sincère. La peine de mort est le symbole d'une justice archaïque, de surcroît une peine non dissuasive. Avec son abolition, ou au moins un moratoire immédiat, vous permettrez à de nombreux condamnés de bénéficier enfin d'un procès équitable et éviterez à des innocents de mourir. Vous ferez entrer les principes de votre Déclaration d'indépendance dans les prisons américaines.

Américains, faites comme les autres démocraties civilisées : abolissez la peine de mort ! » [141]

Je **possède**

> « *Il faut convaincre le public qu'il ne s'agit pas seulement de lui faire acheter un produit mais de lui vendre du sens.* » [142]

L'argument selon lequel la possession d'un objet, non seulement vous procure les avantages liés directement à cet objet, (un congélateur congèle, une voiture transporte), mais vous procure surtout une différence existentielle (votre vie en devient différente), qui se transforme en différence essentielle (vous êtes différent de ce que vous étiez auparavant, mais surtout singulier par rapport aux autres), est un argument clé de la publicité contemporaine. Il ne fait que reprendre une vieille confusion entre l'être et l'avoir ou entre l'être et le paraître. C'est un argument par contamination le plus souvent, la chaîne allant de l'objet le plus physique au plus profond de la personnalité par un série de glissements. Il est souvent moqué par certains intellectuels lorsqu'il s'agit des objets les plus banaux, mais il ne diffère pas fondamentalement de la vieille croyance magique que la maîtrise des accords du participe passé ou la connaissance du post-modernisme vous rend plus cultivé et donc enrichit, et enrichit non seulement votre mémoire mais aussi votre personnalité.

La possession comble le « manque »

« Les marques s'approprient les valeurs qui font rêver et offrent des produits antidotes qui comblent le manque social et collectif. L'expression de soi devient ainsi essentielle et le produit de beauté une sorte de compagnon. » [143]

La possession est un supplément de personnalité

« Une Camaro est différente – très différente. En conduire une c'est affirmer sa personnalité. Et son ouverture d'esprit. » [144]

« La lumière que chaque femme porte en elle. » Publicité pour un parfum. [145]

La possession vous rend supérieur

> **« Faites plaisir à votre voisin,
> garez-la devant chez lui.
> NOUVELLE VOLVO V40 TITANIUM
> Mettez-vous à sa place, c'est flatteur d'avoir une belle voiture
> garée devant chez soi. »** [146]
>
> **« Faites-vous remarquer. Garez-la vous-même. »** [147]

La possession vous donne la maîtrise

« CARTIER LA MONTRE SANTOS.

Création exceptionnelle pour un aviateur intrépide. Temps de l'aventure et de l'exploit. Carrée ou ronde, taillée dans l'or ou dans l'acier massif, elle se distingue par l'audace de ses formes et de son bracelet serti de vis en or. Aujourd'hui, la montre Santos de Cartier se galbe et conjugue puissance et sensualité. Sportive, robuste, précise. Résolument contemporaine. Elle est la conquête du temps. »

Mais non, le temps n'appartient qu'à Dieu !

Pub pour une autre montre : **« Maître de mon temps. »**, [148] Pour faire croire que la possession équivaut à une maîtrise ! Achetez un mètre de couturière, c'est moins cher et vous maîtriserez l'espace !

« OENOBIOL ralentir le temps » [149]

Publicité pour une crème « Anti Age ». Pure magie !

La possession vous rend encore plus désirable

Et il ne vous manque qu'un objet pour vous mettre en valeur : **« Collants Rosy Fatalissime de Rosy. La meilleure façon de pêcher un homme. »** On veut faire oublier qu'un collant ne vaut que par la jambe qui le porte.

« Vous aussi, aujourd'hui, offrez-vous ces soins de beauté : oui, comme des milliers de femmes, goûtez au plaisir de la séduction grâce à une magnifique chevelure. » Dieu merci, plaisir n'est pas au pluriel ! [150]

« SOYEZ SEXY Les tendances mode printemps été » [151]

C'est un fois de plus confondre le contenant et le contenu.

Tout objet présenté par un être désirable, est désirable

Ce type « d'argument » utilisé en publicité est aussi un argument par contamination. Le corps, féminin, et récemment masculin, est considéré comme désirable et rend désirable des objets qui lui sont associés, parfois très artificiellement. Cette association est purement imaginaire et c'est en ce sens que cet argument n'est pas un argument très honnête.

« La laine se défroisse d'elle-même. Après tout, on n'a pas toujours un cintre à portée de la main. »

Le texte est fort petit par rapport à une photo montrant un Monsieur se vautrant sur une dame, en veston. On admettrait que le veston se froisse, même en laine, au volant d'une automobile, mais qui garde son veston dans une telle situation ?

L'objet sexualisé.

Une des utilisations de la sexualité consiste non plus à utiliser cette dernière pour donner un vague attrait à des objets qui n'en ont guère, mais à sexualiser l'objet lui-même. Les publicités pour automobiles usent et abusent de cette technique.

« MOI ET MON AUTO ON DÉTESTE L'INCOGNITO

Çà ne rate jamais : dès que je sors avec ma 205, il y a comme de la curiosité dans l'air... Et quand mon sacré numéro libère toute sa fantaisie, imaginez l'effet produit ! Avec sa silhouette élancée, ses coloris astucieusement coordonnés, son agilité naturelle et son sens inné de l'originalité, ma 205 a vraiment le don de capter tous les regards. Et comme moi aussi, je déteste l'incognito, elle et moi, on ne se quittera pas de sitôt. »

Il y a assimilation de l'automobile à une femme, extrêmement séduisante, bien sûr.

2° PARTIE L'ILLOGISME

Introduction

> « *Voyons si mes arguments trouveront forme
> à votre pied. La plus belle partie du monde,
> c'est l'Europe. La plus belle partie de
> l'Europe, c'est la France,* secundum
> geographos. *La plus belle ville de France,
> c'est Paris. Le plus beau quartier de Paris,
> c'est l'Université. Le plus beau collège de
> l'Université, je soutiens que c'est Beauvais,
> quasi beau à voir. La plus belle chambre de
> Beauvais, c'est la mienne. Le plus beau de
> ma chambre c'est moi.* Ergo, *je suis le plus
> beau du monde. Et* hinc infero *que vous,
> pucelette mignardelette, étant encore plus
> belle que moi, il serait plus clair que le jour,
> que, vous incorporant au corps de
> l'Université en vous incorporant au mien,
> vous seriez plus belle que le plus beau du
> monde.* »

Cyrano de Bergerac.[152]

Traditionnellement, argumenter consistait essentiellement à montrer
que telle chose était vraie ou fausse, à notre avantage et / ou au
désavantage de l'adversaire, par un raisonnement dont la logique
faisait la force. Non moins traditionnellement, la réfutation consistait
pour une bonne part , à démontrer qu'étaient illogiques certains des
raisonnements de l'adversaire. Les traités classiques d'argumentation
comportaient donc une large part de logique.

Cicéron :« **La conclusion d'un argument n'est bonne que quand
par des propositions indubitables on parvient à prouver celles
qui sont en question. Voyez comment Épicure raisonne pour
montrer que la nature universelle est infinie. Tout ce qui est fini,
dit-il, a des extrémités. Qui ne lui accorderait pas cela ? Tout ce
qui a des extrémités est vu par quelque chose qui est au-delà. Il
faut le lui accorder encore. Or ce qui comprend tout ne peut être**

vu par rien qui soit au-delà. On ne peut encore nier cette proposition. Donc ce qui comprend tout, n'ayant aucune extrémité, est nécessairement infini. Ainsi, par des choses qu'on lui accorde, il en prouve une qui était douteuse. » [153]

Si les arguments de logique construits tombent en désuétude, les fautes de logique dans des raisonnements simples continuent d'être le pont aux ânes de l'argumentation contemporaine. Nous distinguerons cependant celles qui, quasiment involontaires, relèvent d'abord de la paresse et peuvent être pardonnées et celles qui, relevant d'une politique délibérée, sont injustifiables.

A tout péché miséricorde

La logique est un art difficile. Celle de la scolastique était devenue d'une redoutable complexité. Et depuis qu'elle s'est transformée aux alentours du début du XX° siècle et que les mathématiques s'en mêlent, elle dépasse les capacités du citoyen ordinaire. Nous n'avons donc retenu que les cas où logique et bon sens sont très proches, et où la faute de logique est quasi évidente.

Déduction ou prémisses discutables

La force de la déduction tenant à son aspect formel, on peut alors mettre dans la première proposition un élément discutable et donner valeur de vérité à ce qui en découle.

Aristote : « **Le monde est parfait parce qu'il contient des corps. Le corps est parfait parce qu'il a trois dimensions. Les trois dimensions sont parfaites parce que trois sont tout, et trois sont tout , parce qu' on ne se sert pas du mot de tous quand il n'y a qu'une chose ou deux, mais seulement quand il y en a trois. »** [154]

Aristote confond le mot et la chose qu'il désigne. « Tous » peut très bien désigner seulement deux choses. Cela dépend du contexte.

R. Lulle : « **Parmi les raisons que l'on peut évoquer pour montrer pourquoi il ne peut y avoir naturellement que sept planètes, nous voulons en citer trois. La première est la division du temps en sept jours. Chaque planète a son jour et un certain nombre de semaines remplissent le cours d'une année. Cela ne pourrait se faire si les planètes étaient au nombre de huit ou de six. »** [155]

La semaine a sept jours, car elle découle du mois lunaire, mais c'est une invention humaine. Il pourrait aussi bien y avoir deux semaines de 14 jours. La relation établie par Lulle, généralement plus logique, est évidemment fausse.

Logique de Port Royal :

Tout esclave de ses passions est malheureux ;

Tout vicieux est esclave de ses passions ;

Donc tout vicieux est malheureux. [156]

Il faudrait d'abord démonter que tout esclave de ses passions est malheureux. Et ensuite définir ce que l'on entend par esclave, passion, malheureux et vicieux. Sinon...

Pascal : **« Ainsi l'esprit docile admet la vraie religion ; et l'esprit faible, ou n'en admet aucune, ou en admet une fausse : or l'esprit fort, ou n'a point de religion, ou se fait une religion ; donc l'esprit fort, c'est l'esprit faible. »** [157]

Le tour de passe-passe est ingénieux. Comme très souvent le raisonnement suit les règles, mais les prémisses sont fausses.

« Le maître ayant plus de fortune et aussi en général plus d'éducation que le domestique ou l'ouvrier, il sera donc doublement moins enclin à trahir la vérité pour un intérêt modique. » [158]

« La loi sur la modernisation des activités financières stipule qu'il n'y a plus que des marchés réglementés (...) et des marchés non réglementés. Le hors-cote ne rentrait dans aucune des ces catégories, d'où la nécessité de le remplacer. » [159] La finance est décidément hors logique.

« Jusqu'en 1973, en France, les prisonniers n'avaient pas le droit de porter de montre. Fait significatif qui rappelle combien pouvoir et temps ont partie liée. » [160] Ils n'avaient droit non plus ni aux lacets de chaussures, ni aux cravates, ni aux ceintures, ni à d'innombrables objets, l'administration les suspectant de pouvoir être utilisés dans un suicide, une évasion, la transgression d'un de ces innombrables interdits qui constituent la vie en prison, pendant que la ministre est chez le coiffeur. De là à en tirer de rapides et superficielles conclusions philosophiques...

« Les colères expriment souvent des inquiétudes qui dépassent

l'objet apparent du courroux. **Irréfléchie puisque fort dommageable à une image patiemment construite de maîtrise et de cohérence, celle du premier ministre contre des journalistes au retour de son voyage au Brésil est l'aveu de son malaise. Un malaise politique dont la clé n'est pas existentielle... »** [161] L'auteur n'en sait strictement rien. Il y avait déjà les journalistes cachés sous la table lors de réunions ultra-secrètes. Il y a désormais des journalistes cachés dans les replis de l'inconscient des hommes politiques. Le seul point acquis est que M. Jospin s'est mis en colère. On peut se demander pourquoi. Mais ce ne sont que **des hypothèses** !

« Mais il faut savoir que les cours d'appel confirment ; voire aggravent, les décisions des prud'hommes dans plus de 70 % des cas. Comme quoi la justice rendue en première instance ne doit pas être si mauvaise. » [162] Remarquons d'abord qu'aggraver n' rien à vois avec confirmer, qui suppose un statu quo. Et si l'appel confirme la première instance, c'est peut-être surtout pour ne pas déjuger les collègues, comme il est d'usage entre gens du même monde.

L'amalgame

C'est mettre « dans le même sac » des éléments qui devraient être séparés.

Dans l'exemple ancien ci-dessous, l'amalgame est effectué entre le physique et le psychologique. Il est facilité par des glissements entre les différents sens d'un même mot.

« Le second état est celui de la sécheresse, de la délicatesse, du froncement et de l'irritation, dans lequel les fibres n'ont pas assez d'onctuosité et de souplesse pour pousser les liquides dans leurs canaux, où ceux-ci acquièrent à leur tour une sécheresse contre nature. Cet état est ordinairement chronique, en faveur duquel la nature opère peu, si le médecin ne l'aide par les humectants, les diluants, les adoucissants, tels que le petit-lait, les bouillons avec les herbes rafraîchissantes, ou leur suc dépuré, les bains, les eaux minérales, etc. Par ces remèdes placés à propos, les solides deviennent plus flexibles ; ils reprennent leur mouvement naturel, et les liquides, humectés et délayés, circulent plus facilement.. Dans le bilieux, les fibres, étant sèches, déliées et

tendues, seront susceptibles de la moindre impression, très facilement mues, et très promptes au mouvement ; et comme les liquides participent à ce mouvement vif et actif, ils seront animés et échauffés ; d'où nécessairement doivent suivre l'ardeur et la promptitude dans les fonctions, la chaleur, la maigreur, la sécheresse ; et les vives passions de l'âme, comme la colère, l'impatience, etc Le bilieux est fort, d'une complexion robuste, mais qui tient de la roideur ; sa taille est avantageuse, ses muscles sont prononcés ; son tissu cellulaire est peu dilaté ; sa peau sèche, aride, quelquefois brune, ordinairement couverte de poils ; il a les cheveux noirs, quelquefois crépus, la bouche grande, les lèvres desséchées, l'haleine forte et chaude, peu de transpiration, le pouls roide, prompt, élastique ; il est gros mangeur et digère vite ; son ventre est ordinairement resserré ; ses urines sont âcres et abondantes. Il est profond penseur et porté à des méditations sérieuses. Il a plus de génie que d'esprit. Ses passions sont grandes et fortes. Sensible et prompt à s'enflammer, constant, ferme, inexorable, l'amour est pour lui une affaire capitale ; sa jalousie va quelquefois jusqu'à la fureur ; sa colère est celle d'Achille, sa haine celle de Coriolan. Sa fermeté tient de l'opiniâtreté. Il vit longtemps. L'été, l'âge mûr, les aliments grossiers, les grands travaux, les aliments échauffants, les liqueurs fortes, les occupations sérieuses fortifient ce tempérament. Il dispose aux maladies bilieuses, aux affections rhumatismales… »

Le plus souvent, l'amalgame consiste, lorsqu'on ne peut attaquer directement telle ou telle opinion, à attaquer une autre opinion liée à la précédente de façon plus ou moins directe. Et l'on fait comme si la destruction de l'une emportait la destruction de l'autre. L'amalgame classique consiste à attaquer la personne au lieu d'attaquer l'idée que cette personne défend.

"C'est d'ailleurs en tentant de déboulonner Lautréamont, en prétendant que tout le monde s'était trompé sur les chants de Maldoror, qui ne seraient en fait qu'une vaste mystification, que Robert Faurisson entame la carrière que l'on sait." [163] M. Faurisson s'est rendu célèbre, il y a quelques années en défendant des thèses négationnistes révisionnistes, d'autant plus détestables qu'elles sont illégales. Mais cela n'a strictement rien à voir avec ce qu'il peut penser de Lautréamont, poète fort célèbre, mais qui sent son collège, il faut l'avouer. Attaquer les idées littéraires de quelqu'un en attaquant ses idées politiques est tout simplement malhonnête.

M. Allais, prix Nobel d'économie : « **L'effondrement du système totalitaire dans les pays de l'Est et en URSS ne saurait masquer les risques de désagrégation morale qui menacent notre propre société, et qui, si nous ne réussissons pas à y faire face efficacement, peuvent compromettre décisivement notre avenir.** » [164]

Le procédé est complexe : argument d'autorité, bien que le prix Nobel d'économie ne donne aucune compétence en "désagrégation morale". Amalgame, car on part d'un fait incontestable, l'effondrement économique et politique des pays de l'est, qu'on compare implicitement à l'effondrement moral (menaçant) de nos sociétés. Le mot "menacent" est particulièrement bien utilisé, suivant le principe que l'homme bien portant est un malade qui s'ignore ! Des menaces, on peut toujours en trouver ou en imaginer.

« **Quand on ne peut plus combattre l'entreprise au nom du profit et de l'exploitation, on utilise le risque, la protection de la santé et de l'environnement.** » (M. Seillière, Président du Medef, syndicat patronal.) [165] C'est effectivement effrayant, et les consommateurs qui disent vouloir que les vaches mangent de l'herbe et non des bêtes crevées recyclées en farines dites animales, veulent en fait, les hypocrites, mettre sur la paille des producteurs qui ne possèdent en tout et pour tout qu'une centaine d'hectares de prés et quelques centaines de vaches.

L'auteur veut faire un parallèle entre l'affreuse lutte des classes qui n'a apporté que la misère, les congés payés, la sécurité sociale, l'assurance chômage, la retraite et combien d'autres maux, et la lutte pour la santé qui n'apportera rien que la disparition de la maladie de la vache folle, mais à quel prix ?

Bien que l'amalgame soit le plus souvent voulu, on peut également faire état d'amalgames involontaires. C'est alors le lecteur qui prend pour amalgame une série, qui, dans l'esprit de l'auteur rassemble des éléments qui sont bien du même ordre. « **C'est d'abord une crise de la culture : perte de légitimité des autorités, crise de la fidélité dans les engagements, remise en cause des absolus, pluralisme** qui mène au relativisme, sécularisme qui banalise (parfois qui ridiculise) la dimension transcendantale de l'existence. Toutes ces tendances qui affectent la culture moderne touchent donc ainsi la foi. »[166]

Chacun, en fonction de ses convictions, sera d'accord ou pensera qu'il s'agit d'un curieux amalgame.

Répondre à côté

C'est, d'une certaine façon, un corollaire de l'amalgame. Attaqué sur un point, on se défendra sur un autre, comme si les eux étaient liés, et que l'absolution sur ce second point valait absolution pour le premier.

On sait l'importance qu'eut le maoïsme après mai 1968 dans une certaine pensée d'intellectuels de gauche. On sait aussi que cette politique fut à peu près catastrophique, en particulier lors du « grand bond en avant ». Un ouvrage paraît reprenant les récits faits par des intellectuels après un voyage ébloui en Chine populaire à cette époque. Le Monde publie une critique de cet ouvrage [167] et demande à Mme Kristeva de justifier un de ces voyages. Très intelligemment, celle-ci ne perd pas son temps à justifier l'injustifiable ou à tout le moins une étonnante naïveté. Elle ne contre-attaque pas non plus. Elle utilise un certain nombre de signifiants dominants en bonne partie à côté de la question. Elle est d'abord présentée par le journal comme « psychanalyste, écrivain et universitaire ». Elle participe donc d'entrée aux signifiants dominants de notre époque : la connaissance de l'inconscient, l'imaginaire et la rigueur scientifique. Elle ajoutera ensuite la « maternité », tout aussi incontestable. Elle présente ensuite son intérêt pour la Chine de l'époque comme « **une des nombreuses fissures dans le mur de Berlin** », autre signifiant dominant, personne ne regrettant le dit mur. C'est justifier cependant son intérêt pour une dictature par une opposition à une autre dictature, sans imaginer que c'est un des cas où le remède peut être pire que le mal. Autre raison, « **les Chinois lançaient contre la sclérose du PC les forces neuves de l'opinion : les jeunes, les femmes.** » Or, « **si l'on n'est pas sensible aux femmes [...] on rate la Chine.** » Elle ajoute obscurément : « ***Deux sexes* toujours et la *politique* partout, mais accompagnée du *vide*. Ce mystère majeur reste toujours à analyser.** » Le sens est probablement dans l'italique, mais en bonne théologienne, l'auteur renvoie à un mystère. Elle rattache enfin son voyage, cette « rencontre » à celle des jésuites avec la Chine au XVII° siècle, généalogie prestigieuse.

Il est difficile en quelques lignes d'analyser un article bref mais dense, dont l'argumentation repose aussi sur sa structure et qu'il faudrait citer en entier, ce que ne permet pas la loi sur les droits d'auteur !

Un ancien juge, candidat à des élections, publie un livre sur la corruption politique en France. Le PDG d'une des entreprises visées, défend son entreprise : **« C'est faire peu de cas de la conscience professionnelle et de l'honneur de 120 000 collaborateurs »** [168] Au moins 119 999 collaborateurs n'étaient évidemment pas visés.

Répondre pour les autres

« Nous sommes à un tournant, et aucun magistrat ne peut, en son âme et conscience lui accorder un non lieu. » [169] (S. Klarsfeld). D'une part, l'auteur est avocat et non juge. D'autre part, les juges sont indépendants, que l'on sache. Enfin, il faut bien de l'audace pour se mettre à la place de <u>tous</u> les magistrats de France et de Navarre.

Par ailleurs, l'auteur aurait pu parler d'intime conviction, mais ce n'est que du psychologique. Parler « d'âme » renvoie au théologique qui est évidemment d'un niveau bien supérieur.

« Que dit donc derechef le chœur des vieillards ? Que la patrie est en danger. Que l'histoire -excusez du peu ! - risque l'oblitération. Que fanatisme totalitaire et veulerie collaboratrice, ensemble conjugués, font souffler une ultime fois le vent de la barbarie sur ce siècle de fer. A cause d'un retour de la bête immonde ? D'une nouvelle eschatologie sanguinaire ? Vétilles ! La sexualisation des titres de la vie publique, voilà la menace, voilà la peste dont nous allons mourir. [...] Qui parle d'offenser grand-mère ni grand père? répond Martine servante (le mot est bien entendu féminisable !), à la femme savante qui l'accuse d'offenser la grammaire. » [170] Tous les français qui trouvent « écrivaine » un peu ridicule, ne pensent pas la patrie en danger, persuadés que l'usage fera le ménage, comme d'habitude, dans les prétentions des réformateurs de tout poil... et plume, Suivant un procédé classique, on fait dire à l'adversaire ce qu'il n'a jamais dit, mais qui est facile à réfuter.

Comparer ce qui n'est pas comparable

Cicéron : « **Mais quelquefois, ce qui a été prédit n'arrive pas ? J'en demeure d'accord ; mais cela n'est-il pas commun à tous les Arts qui se fondent sur la conjecture et sur l'opinion. Dirons-nous que la médecine n'est pas un Art, parce qu'on s'y est souvent trompé … L'Art de la guerre n'est-il plus rien, parce que depuis peu un grand Général a été défait ; la politique est-elle nulle, parce que dans l'administration de la République, il y a plusieurs choses qui n'ont pas réussi à Pompée. »** [171] Pour une fois, Cicéron, utilise un type d'argument qu'il aurait dénoncé chez un adversaire.

Durant la guerre de 1914-1918 : « **Sans pousser la comparaison trop loin on trouverait dans la peinture que Racine a fait de main de maître de Néron dans Britannicus, des traits qui s'adaptent exactement à l'homme de Berlin et à sa politique tortueuse et sauvage. »** [172] Il s'agit de l'empereur Guillaume II, qui, comme chacun sait, avait fait empoisonner sa mère, son précepteur, quelques demi-frères, etc. Mais la propagande ne recule devant rien !

1944. Paul Claudel : « **Eh bien ! dira-t-on maintenant que je commets un paradoxe, si je dis que ce besoin de liberté, que ce besoin d'indépendance du Français s'exprime, aussi bien que par l'insurrection, par l'épargne ? Entre le jeune insurgé à brassard tricolore dont le sourire par les yeux m'entre jusqu'au cœur et le vieux paysan qui garde dans sa paillasse une liasse, héroïquement économisée, il y a plus de rapports qu'on ne croirait. Tous deux ont foi en l'avenir. »** [173] Pour donner meilleur teint aux profiteurs du marché noir. Curieux.

Contemporain. Le gouvernement envisageant un impôt sur tous les systèmes permettant d'enregistrer de la musique, y compris le disque dur de votre vieille bécane, une polémique se développe sur le bien fondé de cette méthode. « **Dire : "Je ne veux pas être taxé parce que je n'enregistre pas de musique ", précise L. Cugny, pianiste, compositeur et chef d'orchestre, est du même ordre que considérer que si on n'a pas d'enfants on ne paiera pas une part d'impôts pour construire une école. »** La comparaison est des plus plaisantes. Ce n'est pas par charité, ni même par solidarité que l'on paie de tels impôts, mais parce que l'instruction et l'éducation de tous sont nécessaires à la vie en société. On le voit bien avec ce qui se passe dans les banlieues ! Et puis ces enfants contribueront à nos retraites et certains même à la défense de la patrie. Mais payer un impôt pour enrichir des déjà milliardaires... [174]

« [Le général Massu] est à peine dérangé par le tumulte des accusations portées aujourd'hui par Louisette Ighilagriz. Cette ancienne fellagha capturée par l'armée française le 28 septembre 1957 à Chebli, affirme avoir passé trois mois à être torturée dans les sous-sols de l'état-major de la 10° divisions parachutiste que commandait Jacques Massu au Paradou Hydra, un quartier d'Alger. Son commentaire d'aujourd'hui tient en quelques phrases : " *Elle n'a pas aimé çà, moi non plus. J'ai essayé la gégène sur moi. C'est vrai que ce n'est pas drôle. Quant à ceux qui veulent m'accuser aujourd'hui, écrivez bien que je leur dis merde.* " » [175] Passons sur la dernière phrase, personne n'ayant jamais douté de la grossièreté et de la vulgarité du personnage. Signalons seulement que ce type « d'argument » est généralement celui de faibles, de vaincus et de coupables.

Par ailleurs, la torture que l'on s'inflige n'a rien à voir avec celle qui vous est infligée. La première est du type que vous occasionne un soin médical, dont on sait que la durée est finie. La seconde n'a d'autre issue que la trahison et la mort immédiate si vous cédez et la mort après d'autres souffrances si vous ne cédez pas. Cela n'a rien de comparable.

« Mais la plus belle réponse du général Massu à ceux qui l'accusent est le sourire de Malika et Rodolphe, les deux enfants qu'il a ramenés d'Algérie et adoptés. » [176] Une fois de plus, cela n'a rien à voir. Il y a beau temps que l'on a remarqué que les pires tortionnaires pouvaient aimer la musique, les oiseaux, leur femme et les enfants. Par ailleurs, on peut s'interroger sur la torture morale infligée à des enfants adoptés par un ennemi et un tortionnaire. La dictature chilienne avait généralisé cette adoption d'orphelins par les assassins de leurs parents. Cela depuis a suscité un beau tollé. Mais cela n'a évidemment rien à voir, le Chili, lui, jugeant (plus ou moins !) ses tortionnaires quand la France des droits de l'homme les amnistie.

« Aucun professeur de français de collège ou de lycée n'imaginerait pouvoir se passer de Molière pour enseigner la langue française... Dans le même lycée, le professeur d'anglais

aura désormais le droit et l'immense avantage sur son collègue enseignant de français d'ignorer Shakespeare et de s'en vanter. » [177] C'est comparer ce qui n'est pas comparable. En France, les petits français parlent français, plus ou moins bien ! On peut donc aller plus loin et leur montre les beautés de la littérature, ce dont 90% se moquent d'ailleurs éperdument Mais les petits français ignorent l'anglais et comment comprendre la langue archaïque de Shakespeare quand on ne sait même pas demander son chemin en anglais. Le résultat de l'enseignement français est connu de tous : les français sont nuls en anglais et de plus considèrent Shakespeare comme un auteur impossible, sauf peut-être comme scénariste de cinéma.

La corrélation comme causalité

Deux choses a et b peuvent se produire en même temps parce qu'elles sont le résultat d'un même phénomène c, sans que a et b soient liés par une relation de cause à effet. Mais cette liaison, cette corrélation est souvent, à tort, considéré comme causalité.

« La tragédie grecque, avec sa moisson de chefs d'œuvre, dura en tout quatre-vingt ans. Par une relation qui ne peut être de hasard, ces quatre-vingt ans correspondent exactement au moment de l'épanouissement politique d'Athènes. » [178] L'auteur laisse entendre qu'il y a un lien de causalité, alors qu'on ne constate qu'une corrélation. Il faudrait une démonstration !

La consécution comme causalité

C'est un erreur populaire, rare dans les milieux intellectuels. Nous n'en avons déniché qu'une réfutation ancienne : **« C'est encore à cette sorte de sophisme qu'on doit rapporter cette tromperie ordinaire de l'esprit humain,** *post hoc, ergo propter hoc.* **Cela est arrivé ensuite de telle chose: il faut donc que cette chose en soit la cause. C'est par là que l'on, a conclu que c'était une étoile nommée Canicule qui était cause de la chaleur extraordinaire que l'on sent durant les jours que l'on appelle caniculaires[...] Cependant, comme Gassendi l'a fort bien remarqué, il n'y a rien de moins vraisemblable que cette imagination ; car cette étoile étant de l'autre côté de la ligue, ses effets devraient être plus forts sur les lieux où elle est plus perpendiculaire ; et néanmoins les jours que nous appelons caniculaires ici, sont le temps de l'hiver** de ce côté-là : de sorte qu'ils ont bien plus de sujet de croire en ce pays-là que la canicule leur apporte du froid, que nous n'en avons de croire qu'elle nous cause le chaud. » [179]

Mettre dans les prémisses ce qui devrait être dans la conclusion

C'est ce que Aristote appelle pétition de principe. Dans sa Logique, Arnaud s'amuse à prendre Aristote en défaut sur ce point, en reprenant une démonstration de ce dernier: **« La nature des choses pesantes est de tendre au centre du monde et les choses légères de s'en éloigner: Or l'expérience nous fait voir que les choses pesantes tendent eu centre de la terre et que les choses légères s'en éloignent; Donc le centre de la terre est le même que le centre du monde. »**

Il est clair, dit Arnaud, **« qu'il y a dans la majeure une manifeste pétition de principe; car nous voyons bien que les choses pesantes tendent au centre de la terre, mais d'où Aristote a-t-il appris qu'elles tendent au centre du monde, s' il ne suppose que le centre de la terre est le même que le centre du monde? »**

Variante :

Pascal : **« Dieu étant caché, toute religion qui ne dit pas que Dieu est caché, n'est pas véritable. »** [180] Bien, mais Dieu est-il caché ? Ce point, qui est fondamental dans l'argumentation de Pascal, n'est jamais démontré. Il est seulement soutenu par une citation de l'Écriture : *"Deus absconditus."* (Isaïe, 45,15). On est en pleine tautologie, car si la Bible qui est la parole de Dieu, dit que Dieu est caché, c'est Dieu lui-même qui dit qu'il est caché. Pascal devrait donc dire : Dieu se disant caché… Ce qui ne prouve pas qu'il le soit.

Prouver autre chose que ce qui est en question

C'est un classique : **«Ce sophisme est appelé par Aristote *ignoratio elenchi* , c'est à dire l'ignorance de ce que l'on doit prouver contre son adversaire.»** indique Arnaud, dans sa logique de Port Royal qui le met en tête des sophismes qu'il dénonce.

« Et puis, ces Belges que méprise l'Allemand, ils ont donné au monde Van Eyck et la peinture, ils lui ont donné la musique. Ce sont eux qui chantent les premiers ; au onzième siècle, ils ont des musiciens dont la mémoire se conserve [...] Les arts de grâce te de douceur, de beauté se développent merveilleusement dans les

Flandres [...] Tout au long des siècles ils versent des chefs d'œuvre avec une abondance inouïe. [...]Car le développement de l'intelligence, la richesse, l'art, rien de ce qui énerve ne les a énervés. Dans leur génie si particulier, il y a une robustesse qui demeure intacte, et une puissante gaieté. Comme la férocité tudesque, elle vient de loin cette gaieté... » [181] Certes, mais les Allemands pouvaient aussi aligner une impressionnante liste de génies ! Il y a des génies partout, même chez l'adversaire ou l'ennemi ! et ils peuvent y côtoyer des criminels de guerre.

Renverser la charge de la preuve

" L'impossibilité où je suis de prouver que Dieu n'existe pas me découvre son existence. " [182] (La Bruyère). Autrement dit, l'impossibilité où je suis de prouver l'inexistence des fées me démontre leur existence ! La règle scientifique est que c'est à celui qui veut démontrer l'existence d'un phénomène d'apporter la preuve de cette existence. La règle de bon sens aussi : « *Affirmanti incumbit probatio.* » (La preuve incombe à celui qui affirme)

Confondre pari et certitude

. **« Lorsque l'on fera dans quelques années, le bilan intellectuel de la France dans le dernier quart du siècle, il y a tout à parier que Meschonnic y figurera. Cette certitude a quelque chose de réconfortant. »** [183] Espérons pour lui que ce monsieur parie souvent dans les casinos puisqu'il gagne à tous les coups.

Parler des défauts d'autrui au lieu de prouver ses qualités à soi

---

Toilette Intime de la Femme

Injections – Lotions – Lavages

Paquets hygiéniques (inodores) aux SELS NATURELS

d e

LUXEUIL – ETAT

MESDAMES, n'employez plus pour votre toilette intime :

Ni SUBLIME, poison violent irritant, néfaste pour les organes génitaux, interdit du reste par presque tous les médecins ;

Ni PERMANGANATE qui tache le linge et les mains ;

Ni ACIDE BORIQUE dont l'action antiseptique est nulle et qui de plus est difficile à faire dissoudre ;

Ni THYMOLS, PHÉNOLS, COALTARS et autres antiseptiques qui sentent mauvais ;

Ni TEINTURE D'IODE, très irritante, insoluble dans l'eau.

Que le sublimé (dit corrosif !) et d'autres produits soient nocifs est évident, mais cela n'indique en rien en quoi le produit proposé est efficace et inoffensif.

La charnière mentale

C'est une utilisation spécieuse de la logique qui s'apparente à l'amalgame.

« L'art de vendre ou d'influencer du maître vendeur repose sur une façon particulière d'employer les mots destinés à guider les pensées et les sentiments du client. » C'est ce que D.J. Moine et J.H. Herd appellent des « charnières mentales. ».

« Étant donné que la première partie de la charnière doit être vraie, le client ne peut que l'accepter. " Vous êtes là, à regarder ce micro-ordinateur ... "

Cette évidence est alors rattachée à la partie principale de la phrase et vous imaginez à quel point l'efficacité de votre travail en sera accrue . Dans cet exemple, la charnière et relie un première affirmation à une deuxième qui amène le client à réfléchir à une efficacité accrue grâce à l'ordinateur. Puisqu'il ne peut s'empêcher d'accepter la première partie de la phrase, le client sera peu enclin à remettre en question la deuxième. Le client l'avale sans broncher, puisque le "médecin " a décidé que cela lui ferait du bien. En réalité, il a été guidé. Un objet près de vous, un fait observable, n'importe quel truisme ou proverbe, tout propos marquant l'adaptation, constitue la première partie de la charnière à laquelle le vendeur attache la deuxième partie, afin d'ouvrir l'esprit du client à des idées neuves, à des sentiments favorables, des expériences nouvelles, à tout ce que le vendeur veut lui communiquer. » [184]

La fausse induction

L'induction, c'est l'extension de quelques phénomènes observés à une loi générale. Elle est un des fondements de la science, une ou quelques expériences bien menées permettant une généralisation. Ce qu'on oublie le plus souvent c'est qu'une expérimentation scientifique obéit à des règles très strictes. L'induction est donc la source de très nombreux mauvais arguments qui ne sont en fait que des généralisations abusives.

[De Gaulle] à C. Sulzberger, le 31 mai 1956 : « **Qu'est-ce que les Arabes ? Les Arabes sont un peuple, qui depuis Mahomet n'ont jamais réussi à constituer un État (...) Avez-vous vu une digue construite par des Arabes ? Nulle part. Cela n'existe pas. Les Arabes disent qu'ils ont inventé l'algèbre et construit d'énormes mosquées. Mais ce fut entièrement l'œuvre d'esclaves chrétiens qu'ils avaient capturé (...) ; ce ne furent pas les Arabes eux-mêmes (...) Ils ne peuvent rien faire seuls.** » [185] Ils pouvaient quand même gagner une guerre sur l'armée française!

La justification par les conséquences.

L'Empereur Julien, dit calomnieusement l'Apostat, parce qu'il était retourné à la religion de ses ancêtres, remarque judicieusement que « *seuls les tyrans justifient leurs actes par leurs conséquences.* » Ceci est une variété du : « la fin justifie les moyens ». Cette économie de l'aspect moral est bien commode !

Exemple. Des douaniers sont emprisonnés par des juges qui leur reprochent d'utiliser des procédures illégales pour confondre des trafiquants de drogue. Le ministre délégué au budget pour défendre les dits douaniers allègue : **«Quand on fait la guerre, on fait parfois des choses qui ne sont pas rigoureusement conformes à la bienséance des mondanités. »** [186] Le procédé est intéressant qui ramène la légalité à des mondanités. Mais la justification par les conséquences «heureuses» de ce que l'on fait, est classiquement utilisé lorsqu'on se situe aux marges de la légalité. Les exemples sont dans toutes les mémoires.

Dans d'autres cas, c'est la morale elle-même qui justifiera des actes immoraux : **« C'était donc contre les rebelles, hérétiques, protestants désespérés, non obéissants à la sainteté de ce Bon Dieu en terre. Cela lui [le pape] est non seulement permis et licite, mais commandé par les sacres décrétales, et doit à feu incontinent empereurs, rois, ducs, princes, républiques, et à sang mettre, qu'ils transgresseront un iota de ses mandements, les spolier de leurs biens, les déposséder de leurs royaumes, les proscrire, les anathémiser, et non seulement leurs corps et de leurs enfants et autres parents tuer, mais aussi leurs âmes damner au plus profond de la plus ardente chaudière qui soit en enfer. »** [187] Rabelais se moque évidemment. Mieux vaut en rire avec lui...

La justification par les résultats

C'est une variante de la précédente. Cicéron : **« Je soutiens seulement que jamais l'oracle de Delphes n'eût été enrichi de tant de présents de tous les peuples et de tous les rois, si toute l'Antiquité n'en avait reconnu la vérité.»** [188] C'est pauvre, mais, grand avocat, Cicéron joue sur tous les registres, du meilleur au pire. Augure lui-même, Cicéron savait bien que *«deux augures ne se rencontrent pas sans rire»*.

C'est un argument très fréquent dans le journalisme, même quand il ne s'agit pas de publicité rédactionnelle déguisée : « *C'est un beau film, puisqu'il fait beaucoup d'entrées* ». Le «*beaucoup d'entrées*» est souvent sous-entendu.

L'argument qui contient sa propre contradiction

**« Allez en Champagne…
C'est au détour de petits chemins,
au cœur d'un vignoble joliment ordonné
que vous rencontrerez, comme
cachée et jalousement gardée,
une parcelle d'un savoureux trésor :
un Champagne connu de quelques
initiés que le vigneron sera
heureux de partager avec vous. »** [189]

Si cette publicité est efficace, les visiteurs se retrouveront quelques dizaines de milliers et ne seront plus « quelques initiés ».

« "C'est une durée légale non contraignante" » (sic) a expliqué F. Hollande. secrétaire national du P.S. » [190] On savait déjà qu'il y avait plusieurs sortes de lois : « Selon que vous serez puissant ou misérable… » [191]

Mon argument n'est pas un argument, mais je l'utilise quand même

On ne devrait pas écrire dans une revue sérieuse : « **Bien que la différence ne soit pas significative, ils sont cependant plus souvent célibataires…** » [192] Si la différence n'est pas (statistiquement) significative, elle ne l'est pas, point ! Et donc elle ne signifie rien. Et donc il est inutile d'en faire état.

Le distinguo

Ce terme d'argumentation scolastique signifie que dans un ensemble, l'on distingue deux parts, l'une que l'on accepte et l'autre qu'on refuse.

Molière : **« Distinguo, mademoiselle ; dans ce qui ne regarde point sa possession, concedo** [5]**; mais dans ce qui la regarde, nego** [6]**. »**[193]

Le distinguo permet généralement de séparer artificiellement le bon grain de l'ivraie.

Sous le titre : « **Le cardinal Ratzinger conteste la qualité d'Églises**

---

[5] Je le concède, je suis d'accord.
[6] Je le nie, je suis en désaccord.

aux confessions protestantes. », un journaliste cite le cardinal : **« Seul le christianisme mérite d'être qualifié de "foi", les autres confessions étant de simples "croyances " … »** [194] Dans l'esprit du cardinal, la foi est très supérieure aux croyances, puisqu'elle est la seule « vraie ».

Dans le meilleur des cas, le distinguo permet d'isoler l'homme de ses idées ou de ses écrits, et donc d'éviter l'amalgame :

Boileau :

« En blâmant ses écrits, ai-je d'un style affreux

Distillé sur sa vie un venin dangereux?

Ma muse en l'attaquant, charitable et discrète,

Sait de l'homme d'honneur distinguer le poète.

Qu'on vante en lui la foi, l'honneur, la probité;

Qu'on prise sa candeur et sa civilité;

Qu'il soit doux, complaisant, officieux, sincère :

On le veut, j'y souscrit et suis prêt à me taire.

Mais que pour un modèle, on montre ses écrits;

Qu'il soit le mieux renté de tous les beaux-esprits;

Comme roi des auteurs qu'on l'élève à l'empire;

Ma bile alors s'échauffe... » [195]

Dans d'autres, il consiste à opérer une distinction tout à fait artificielle entre des phénomènes du même ordre.

Il a été popularisé par Pascal dans ses Provinciales où il se moque de l'usage qui en était fait par les jésuites.

« - Venons aux religieux. Comme leur plus grande difficulté est en l'obéissance qu'ils doivent à leurs supérieurs, écoutez l'adoucissement qu'y apportent nos pères. C'est Castrus Palaüs, de notre société, Op. Mor., p.1, disp.2, pag.6 : Il est hors de dispute, *non est controversia*, que le religieux qui a pour soi une opinion probable n'est point tenu d'obéir à son supérieur, quoique l'opinion du supérieur soit la plus probable; car alors, il est permis au religieux d'embrasser celle qui est la plus agréable,

quæ sibi gratior fuerit, **comme le dit Sanchez. Et encore que le commandement du supérieur soit juste, cela ne vous oblige pas de lui obéir : car il n'est pas juste de tous points et en toute matière,** *non undequaque juste præcipit,* **mais seulement probablement; et ainsi vous n'êtes engagé que probablement à lui obéir, et vous en êtes probablement dégagé. »**

- Certes, mon père, lui dis-je, on ne saurait trop estimer un si beau fruit de la double probabilité.

- Elle est de grand usage, me dit-il, mais abrégeons. » [196]

Il faut avouer qu'à cette époque, les jésuites en tiraient des conséquences prodigieuses : **« Un auteur récent paraît porté à croire que l'homicide simple concerté sans vue du mariage, produirait l'empêchement [du mariage]. Loin de souscrire à cette opinion, nous croyons que lors même que le meurtre est joint à l'adultère, il faut que celui qui a commis, ou procuré l'homicide, à l'insu de l'autre, ait eu l'intention d'épouser celle avec qui il a péché. Sanchez cite pour ce sentiment vingt deux jurisconsultes, et trente deux théologiens [...] Ceux qui ont pensé autrement n'ont pas assez considéré que l'Église n'a introduit l'empêchement du crime, que pour ôter à un homme, qui aime une autre femme que la sienne, toute espérance de l'épouser. Ainsi quand un homme empoisonne le mari d'une femme [...] il n'encourt pas l'empêchement du crime; et il pourrait absolument après une pénitence proportionnée à son injustice, épouser cette même femme. La raison en est que l'Église qui ne punit pas tous les désordres, n'a rien statué contre celui-ci. Sanchez prétend même qu'un mari, qui a fait mourir son épouse, dans le dessein d'en reprendre une autre, mais sans déterminer celle-ci plutôt que celle-là, pourrait épouser comme tout autre, celle avec qui il aurait péché du vivant de sa femme."** [197]

Cependant cet art de la distinction n'est pas totalement oublié. Tout le monde se souvient de ce ministre, impliqué dans le scandale des hémophiles transfusés avec du sang contaminé par le virus du sida, s'en tirant par un distinguo : **« responsable mais non coupable ».** Imaginez qu'un automobiliste poursuivi devant un tribunal pour un accident, veuille plaider responsable, mais non coupable. S'il n'est qu'un simple particulier...

Voici modernisée, une version du distinguo entre pays légal et pays réel. J.P. Sartre : **« Le suffrage universel est une ruse du pouvoir bourgeois pour substituer une légalité à une légitimité des mouvements populaires et de la démocratie directe. »** [198]

Dans d'autres cas, on distinguera entre plusieurs ordres, par exemple, l'efficacité et la morale. On peut donc être favorable à quelque chose sur le plan de l'efficacité et y être opposé sur le plan moral. Ou l'inverse...

«Depuis ses origines, l'Église s'est érigée en défenseur des opprimés contre la tyrannie des puissants et elle s'est penchée vers les malheureux et les sans espoir. Elle défend la propriété privée en tant que celle-ci est d'accord avec la loi divine.. mais bien qu'elle considère le principe de la propriété privée comme un droit naturel, elle n'a pas l'intention de soutenir à tout prix le présent état des choses ni de défendre par principe les riches contre les pauvres.» [199] Sur le plan des principes, nous sommes donc tranquilles. Quant aux applications...

Du même ordre : **«Mais cela ne s'adresse pas au christianisme - c'est à dire à la doctrine du Christ - mais aux chrétiens (de pauvres hommes comme vous et moi) et ce n'est pas du tout la même chose.»** [200]

Voici d'autres plaisantes distinctions : **« Si les acquisitions du Musée national d'art moderne - Centre Georges Pompidou ont un prix, il doit demeurer caché. Ainsi en a décidé le Conseil d'État, le 17 fév. 1997, en estimant que le MNAM peut malgré la loi sur la transparence de la comptabilité publique, ne pas communiquer le montant des achats afin de protéger le secret "industriel et commercial ". »** [201]. Bien que légale, la transparence n'est pas obligatoire ! Heureusement pour les artistes fonctionnaires. Si les citoyens savaient ce qu'il en coûte « d'œuvres » qu'ils ignorent résolument, il y aurait des grincements de dents.

« En tant que Directeur d'Air France, rattaché à la présidence, il dispose en effet d'un contingent de billets gratuits ou à des conditions très avantageuses dont il a libre usage. Il s'agirait donc d'un privilège et non d'un délit, contrairement à ce qu'estime... » [202]

J. Chirac. **« Il n'est évidemment pas vrai de dire que la guerre au Moyen-Orient alimente le terrorisme international - ce serait une imposture de le dire. Mais ce qui est vrai, c'est qu'elle le facilite et qu'elle crée une situation qui, au total, est favorable aux extrémistes et aux fondamentalistes musulmans. »** [203] De même que du pétrole répandu facilite les incendies, mais sans les alimenter !

Enfin, un auteur [204] sur un sujet particulièrement douloureux distingue ainsi parmi les déportés, ceux **«qui ont été assassinés en tant que tels»** : juifs, tziganes, etc. et ceux qui ont été persécutés, non pour ce qu'ils étaient, mais **«pour ce qu'ils avaient fait»** : résistants, homosexuels, etc. L'auteur n'oserait sans doute pas dire ce qu'avaient «fait» ces homosexuels. Ce qu'il laisse entendre, ou en tout cas ce que certains entendront, c'est qu'ils avaient fait des choses, c'est à dire de vilaines choses. Ce sujet délicat se serait bien passé d'un tel distinguo, quelles qu'aient été les bonnes intentions de l'auteur.

Dans d'autre cas le distinguo permet d'opposer des termes tout à fait artificiellement et donc de donner apparence de réflexion philosophique à des banalités pour magazines.

A propos de la Médée d'Euripide, dont elle joue le rôle titre, Mlle Huppert s'interroge **: « Ce qui est mystérieux, dans le meurtre ou l'infanticide, ce n'est pas la pourquoi mais le comment. Comment y arrive-t-on ? Comment fait-on le geste ? »** Le « comment y arrive-t-on ? » est en fait de l'ordre du pourquoi. Il signifie : par quel cheminement, pour quelles raisons ? En revanche le « comment fait-on le geste ? » est bien de l'ordre du comment. Mais il est sans intérêt : poignard ou poison, on prend généralement ce qu'on a sous la main, ou ce que l'on sait utiliser. La comédienne n'arrive donc pas à élaborer sa distinction entre le pourquoi et le comment. Dans ses Mémoires, Mlle Clairon, elle, se garde bien de philosopher sur le théâtre de Voltaire. Aussi, les lit-on encore, parfois !

L'argument mal ciblé

Un argument mal ciblé est un argument qui n'est pas orienté vers le public auquel on le destine ou qui ne tient pas compte des caractéristiques psychologiques de cette cible. C'est le péché classique des entreprises d'état qui continuent de considérer leurs usagers comme des administrés et non comme des clients. Mais c'est un travers extrêmement général.

Loterie nationale : **« Vous n'aurez pas le gros lot, c'est moi qui ai pris le bon numéro ! »** [205] Ah ! bon, il est donc inutile que j'en achète un !

« Aux côtés de nos frères Palestiniens, nous lutterons jusqu'à votre écrasement.

Tremblez, tyrans, car une chose nous appartient que vous ne tuerez jamais :

C'est l'amour que nous avons de L'INTERNATIONALISME PROLÉTARIEN. » [206]

Face aux tyrans, l'amour... ! Les pauvres !

« Ce que nous savons faire pour nous, nous savons le faire pour nos clients. CCF , 15 ans de croissance ininterrompue du bénéfice. » Cette publicité a sans doute du sens pour les clients qui ont des valeurs boursières gérées par cette banque. Mais les simples titulaires d'un compte courant se demanderont pourquoi la banque ne rémunère pas les sommes déposées sur leur compte si elle fait tant de bénéfices.

« Nous développons des médicaments innovants contre le cancer. » [207] Qu'ils soient innovants est une bonne chose. S'ils étaient efficaces, ce serait encore mieux !

La paresse est la mère de tous les vices

Si la plupart des fautes de logique sont involontaires du moins chez les honnêtes gens, la publicité contemporaine en fait, elle, un usage tout à fait conscient.

« Les modalités du discours de la publicité, en effet, le mettent hors d'atteinte du jeu de la raison logique, du discours consumériste par exemple qui a pour référence le discours de la rationalité économique et juridique. Cette démonstration nous permettrait de mieux comprendre aussi que le discours publicitaire, [...] se situe en deçà ou au-delà des catégories du vrai et du faux [...]. » [208]

La faute voulue qui se croit drôle

« Avec la Formule Auto 1 + 1 = 3, choisissez votre nouvelle voiture, AXA s'occupe du reste. » [209]

Supposer résolu le problème à résoudre

« Une oasis d'hydratation pour des lèvres superbes. Clinique. Soumis à des tests d'allergie. »[210] Il est inutile de donner les résultats de ces tests. Le produit y a été soumis, cela suffit !

Aller au-delà des apparences : c'est le faux qui est vrai

« Mon cher papa, comme tu dis que je suis gentil, pour t'aider, j'ai fait un petit travail pour toi. Comme le dit maman, je suis bon en calcul et voilà. J'ai fait des opérations et il faut que tu achètes la nouvelle 205 Junior Diesel. Çà coûte plus cher mais comme çà use pas beaucoup ** et que tu t'en sers tout le temps, çà vaut le coup.

** consommation aux 100 km... »

Si l'on ramène l'usure à la consommation d'essence, il est clair qu'une Rolls Royce sera, elle, usée au bout de 10.000 km. !

L'ambiguïté relationnelle

« Contre les Fêtes surfaites
contre les cadeaux qui vont A LA CAVE
mais pour ceux qui vont droit au cœur
pour les oh ! et les ah !
POUR LES PAQUETS QUI SE SUIVENT
et ne se RESSEMBLENT PAS
Je lis Habitat
c'est beau ce qui se passe entre nous. »

Ce texte occupe la page de droite d'un magazine. Sur la page de gauche, un couple. Chacun à sa façon comprendra si cet "entre nous" concerne le couple ou la relation entre ce couple et Habitat. Il va de soi que la pub voudrait que la relation amoureuse du couple se reporte sur une relation amoureuse entre le couple et ce magasin. Remarquons le "Je lis Habitat". Certes comme chacun sait, cette firme édite un catalogue. Mais ce que la pub veut induire, c'est élever l'acte d'achat, qui reste un peu vulgaire, à la hauteur de la lecture qui est une activité autrement noble. Elle veut aussi élever la relation superficielle avec un fournisseur au niveau du beau.

L'aveu

Bien des façons de dire relèvent en fait d'un aveu.

Titre du journal l'Humanité : **GREVE GÉNÉRALE DE MASSE** [211]

Une grève générale qui ne serait pas massive ... ne serait pas vraiment générale ! Les auteurs de cet appel n'y croient pas trop eux-mêmes.

« Les avocats se méfient du divorce sans juge. » [212] Et ils ont bien raison, car un divorce sans juge, c'est un divorce sans avocat. Ce qui est assurément le début du commencement de la fin. Car si l'on n'est plus obligé de payer pour simplement faire reconnaître ses droits...

« Membres de l'Enseignement supérieur, nous sommes très attentifs à la qualité de l'enseignement secondaire. » [213] Ces professeurs de philosophie protestent contre une réforme de l'enseignement de cette discipline tentant de lui donner un minimum de sens pour un maximum d'élèves. En fait ils craignent une diminution des horaires de cette discipline, réduisant les nombre de professeurs du secondaire, réduisant du même coup leurs postes, heures supplémentaires, thésards, etc.

« Les spasmes dont est saisie la société révèlent, plus profondément, une incompréhension grandissante entre l'opinion et l'entreprise. Et un véritable retour en arrière par rapport à la période où certains s'enorgueillissaient de la réconciliation de ces deux mondes. » [214] Cette réconciliation entre ces deux mondes a duré vingt ans, durant les années frics ou les années Mitterrand comme on voudra les appeler. Il n'y a donc pas retour en arrière, ce qui signifierait une régression, mais retour à la normale. Ce qui n'a rien à voir.

P. Farmer, médecin et anthropologue : **« On attribue à Tacite cet aphorisme : " Ils créèrent un désert qu'ils baptisèrent la Paix. " »** [215] Il faut assurément une forte culture classique pour attribuer à Tacite une sentence qui est effectivement de Tacite : *Ubi solitudinem faciunt, pacem appellant,* qui se traduit mot à mot : ils bombardent femmes et enfants et ils appellent cela un processus de paix.

Un aveu peut en cacher un autre

Des journaux allemands republient des textes de M. D. Cohn-Bendit datant des années 1970 où il se vante d'activités, qui de nos jours, relèveraient de la pédophilie. **« Mais les faits on-ils réellement eu lieu ? »** demande le Monde ? Réponse de l'intéressé : **« Je peux facilement m'expliquer là dessus. Ce passage , ce n'est pas quelque chose qui a été fait, c'était une provocation. »** Il ne semble pas réaliser que de deux choses l'une. Ou il mentait à cette époque en se vantant de transgressions non commises. Ou il ment maintenant en niant ce qu'il a réellement fait. Pour quelqu'un qui **«...croit qu'un politique qui s'engage doit essayer de s'extirper la vérité... »** [216] Mais c'est sans doute, encore, une provocation.

La dénégation équivaut à un aveu

Dans certains cas, l'argumentation est telle qu'elle correspond à un aveu, par exemple dans une dénégation qui n'est pas convaincante.

« Interviewé par ''Le nouvel Obs.'', le commissaire Gévaudan a démenti catégoriquement qu'il y ait ce qu'il appelle ''des interrogatoires violents'' : ''je peux vous affirmer que depuis plus de trois ans, il n'y a plus d'interrogatoires violents. » [217] C'est avouer qu'il y en a eu. Qui croira que cela a vraiment cessé ?

« Les jésuites réaffirment leur engagement en faveur de la justice sociale et du développement. » Hélas ! On ne réaffirme que ce qui n'est pas vraiment affirmé. [218].

L'enseignement catholique **« tout en conservant son caractère propre, ne doit pas être un enseignement de classe. »** déclare le secrétaire général de l'enseignement catholique. [219] C'est avouer qu'il l'est !

FRANCE TELECOM envoie un courrier à ses abonnés :

« En changeant de statut le 1° janvier, France Télécom a adopté les règles communes qui régissent les relations de toute entreprise avec ses clients. »

Quel aveu ! Et connaissant les difficultés de changement de culture d'entreprise, le client doutera fort de ce changement et sera conforté dans sa méfiance vis à vis de cette administration, même si son statut officiel a changé. Le courrier n'aura donc pas le sens d'une volonté de changement mais bel et bien d'un aveu.

Delebarre : « **Je ne suis pas un ministre gadget.** » [220] Ah ! Monsieur le ministre, c'est le mot que je cherchais !

« **Les études de philosophie préparent mal à la recherche de la vérité.** » avoue un des ces philosophes médiatiques, qui veut cependant nous délivrer sa vérité sur la Tchétchénie. [221]

« W. Diebolt, directrice de l'architecture et du patrimoine : « **L'architecte ne peut plus rester à l'écart des techniques de l'urbaniste, ni ignorer la dimension urbaine, au risque de tomber dans les pièges qu'ont connu les générations précédentes et dont les grands ensembles sont un des exemples fâcheux.** » [222] Les non architectes croyaient naïvement cette époque largement révolue !

Sous le titre « **Cassette, lapsus et dénégations** », un journaliste revient sur quelques déclarations proférées à propos de la cassette vidéo accusatrice laissée par M. Méry, ancien membre du Comité central du RPR et, semble-t-il trésorier occulte des dessous de table récoltés par ce Parti, comme par d'autres d'ailleurs.

« **...indigné par le mensonge.[...] On discute sur des faits invraisemblables qui ont eu lieu il y a plus de quatorze ans.** » (J. Chirac) Il faudrait s'entendre, les faits sont des faits, et les mensonges ne sont pas des faits. [223]

D. Strauss-Kahn : « **Je n'ai pas voulu visionner cette cassette.[...] Imaginez que j'ai visionné cette cassette, qu'en revoyant ce qu'il y avait dedans, je la remette à la justice...** » Comment peut-on revoir quelque chose que l'on n'a pas vu ! [224]

« **Le gouvernement veut lutter contre la fraude fiscale en Corse.** » Ce qui veut dire qu'il ne fera rien. On connaît ces fumeurs ou ces buveurs qui <u>veulent</u> s'arrêter et ne s'arrêtent jamais. Un chose est de dire : je veux ; une autre de dire : je m'arrête tout de suite.

Un argument excessif équivaut à un aveu

Dans certains cas, un argument excessif détruit le sentiment qu'il est censé renforcer et conduit à ce qui équivaut à un aveu.

Début du XX° siècle :

« Lycée Michelet, Vanves (Seine)

A 6 minutes de Paris (métro Nord Sud).

Lycée de plein air sur plateau élevé et salubre.

Parc merveilleux de 16 hectares.

Pratique de tous les Sports. Pistes spéciales aménagées pour le foot-ball, le tennis, etc. Piscine de natation et grand Manège pour l'équitation. Bains chauds. Bains douches. Chambres particulières. Table de régime. Préparation à tous les baccalauréats et à l'École Normale section des Lettres. » [225]

L'accent mis sur les activités physiques dans ce lycée est tout à fait contradictoire avec la préparation à l'École Normale. On en doute même d'une préparation correcte au baccalauréat.

Crier haro sur le baudet équivaut à un aveu

Que les journaux soient emplis d'erreurs, de lapsus, de mastics, paraîtra tout à fait normal à tout ceux qui, un jour, auront utilisé un traitement de texte.

« Rendre compte d'un procès est chose difficile. Le magnétophone est proscrit. ... Tout en prenant des notes, ils doivent observer les intervenants. Ainsi que s'est-il dit exactement au procès Dumas, le lundi 29 janvier. » [226] Et l'auteur de citer quelques journaux, avec des guillemets, dont on ne sait trop s'ils veulent dire qu'il cite textuellement le journal, ou que le journal cite textuellement les gens en cause, dont il ressort que chacun a entendu à sa façon une phrase donnée. Q'importe ! Or la phrase citée est une phrase clé. Car selon ce qui est dit, certains accusés sont plus ou moins impliqués. Cela ne gêne, semble-t-il, personne. Alors qu'on pourrait imaginer les journalistes très embarrassés, se téléphonant les uns aux autres, s'efforçant de recouper leurs sources, comme ils prétendent le faire. Et l'auteur se perdant en explications ou excuses pour de telles approximations. Pas du tout. L'auteur semble trouver tout à fait normal que chacun entende ce qu'il a envie d'entendre. Les juges sont évidemment plus stricts ! En revanche l'auteur s'en prend aux journalistes de télévision, qui ne savent ou ne veulent poser les « bonnes » questions. Ce qui est exactement crier Haro sur le baudet ! Que la télévision raconte n'importe quoi, on est prêt à le croire. Mais l'on croyait les journaux « sérieux », un peu plus sérieux.

Le lapsus équivaut à un aveu

Sous le titre : « **Les femmes auraient-elles inventé le théâtre ?** », un journaliste rend compte de la pièce « **Bakkhantes, d'après Euripide** ». « **Moins souvent jouée qu'***Electre* **et** *Les Troyennes***, la dernière pièce d'Euripide,** *Les Bacchantes***, était la préférée de Goethe et Nietzsche l'a étudiée à fond dans son livre** *L'Origine de la tragédie***. Le dieu Poséidon, fils de Zeus, est le maître d'un ensemble de femmes qu'il a séduites et enrôlées en Asie, et qui, sous sa conduite, s'adonnent entre elles, loin du regard des hommes, à des fêtes, des danses singulières, fantasmagoriques, en quoi plusieurs historiens de l'Antiquité croient voir l'origine du jeu théâtral. Euripide nous montre ses bacchantes revenant d'Orient à Thèbes, où Poséidon veut semer le désordre.** » [227]

On est d'abord envahi par le rouge de la honte. On croyait depuis des décennies que le personnage central des *Bacchantes* était Bacchus, et cela par paresse intellectuelle étant donnée la ressemblance entre le mot Bacchus et le mot Bacchantes. Connaissant mieux Neptune que Poséidon, on se précipite sur sa vieille Mythologie, peu diserte sur le sujet. Qu'en dit Ovide ? « **Un jour, et il n'est pas loin, je te le prédis, le jeune fils de Sémélé, Bacchus viendra en ces lieux. Si tu n'élèves pas un temple en son honneur, mis en lambeaux, tu joncheras la terre de tes restes épars, et ton sang baignera les arbres, et ta mère et tes sœurs.** » [228]

Et Euripide lui-même ?

« - BACCHUS. **Me voici sur cette terre des Thébains, moi, Bacchus, qu'enfanta jadis la fille de Cadmus, Sémélé, accouchée par les feux du tonnerre.** » [229] Ciel ! Euripide s'est trompé et depuis 25 siècles tous les commentateurs avec lui, jusqu'à l'arrivée de M. Cournot qui rétablit enfin la vérité historique : le meurtre de Penthée est du à Poséidon !

Qu'un tel « lapsus » puise être commis et non corrigé en dit long sur les approximations journalistiques.

La justification équivaut à un aveu

« **Pour se rassurer, certains analystes gouvernementaux avancent que les pays les plus affectés par le ralentissement seront ceux où la part de l'industrie dans l'économie est prédominante, comme** en Allemagne. **La France qui a su développer ses services grâce à une politique de bas salaires et un accroissement de la flexibilité du travail serait moins touchée. »** [230] Ces experts sont ceux d'un gouvernement en principe de gauche. Dans les discours, la gauche est plus proche des salariés que des actionnaires. Mais, le temps passe... Pour le ministère des finances, manifestement, que périssent les salariés pour que vive l'économie, c'est à dire les actionnaires.

« Interrogé... sur une pétition qu'il avait signée en 1977 en défense de trois hommes poursuivis pour attentats à la pudeur sur mineurs de moins de quinze ans, J. Lang a déclaré : "Il y a eu les années 1970 où (..) un ordre moral très puissant pesait sur la société. Il y a eu tout un tas de réactions libertaires pour secouer cette chape de plomb. "   M. Lang a ajouté : "depuis quelques années, il y a eu la prise de conscience que des enfants pouvaient être victimes d'une prétendue liberté [...] C'est proprement inacceptable, intolérable et [ces actes] doivent être sanctionnés avec la dernière sévérité." » [231] L'argument de l'auteur équivaut à dire : que me reproche-t-on ? J'ai toujours hurlé avec les loups.

« [M. Leiris] confesse " n'avoir jamais couché avec une femme noire" et s'en explique : "Ce qui empêche à mes yeux, les femmes noires d'être réellement excitantes, c'est qu'elles sont habituellement trop nues et que faire l'amour avec elles ne mettrait en jeu rien de social. Faire l'amour avec une femme blanche, c'est la dépouiller d'un grand nombre de conventions, la mettre nue aussi bien au point de vue matériel qu'au point de vue des institutions. Rien de tel avec une femme dont les institutions sont si différentes des nôtres." » [232] La première proposition est curieuse. Il n'y avait probablement aucune femme entièrement nue, sauf pré-pubère, en Afrique à cette époque. Elles portaient au moins une ceinture de perles, de cauris ou de poil de roussette et un paquet de feuilles en cache sexe. Toutes les sociétés connaissent la pudeur, les africaines comme les autres. Le fantasme de nudité totale est ici un fantasme d'européen rejetant l'autre vers la pure nature, fort peu humaine, et se plaçant du même coup du côté de la culture c'est à dire de l'humanité pleinement développée. C'est une forme classique de racisme des intellectuels Ajoutons qu'un homme qui ne sait pas déshabiller une femme entièrement nue, ne sait pas grand chose. Il est vrai qu'il faudrait d'abord s'y intéresser.

La deuxième proposition ne l'est pas moins. Il faudrait d'abord prouver que les institutions africaines différaient des nôtre, car elles différaient probablement plus de nôtre représentation de nos institutions que de leur réalité. En admettant cependant que ces institutions différaient, cela ne changeait rien au fait qu'en déshabillant une femme, on la dépouillait aussi des ses institutions. A la décharge de l'auteur, il faut avouer que ce concept d'institution a bien vieilli, ou plutôt, mal vieilli. Avouons aussi que l'anthropologie surréaliste avait un côté... surréaliste.

3° PARTIE   L'AUTORITÉ

«Et d'où vient cette infirmité cruelle de notre époque ? Elle vient de ce qu'on tue, dans l'éducation publique, le sentiment du respect de l'autorité. Ce n'est pas volontairement, mais voici le résultat : c'est que dans l'éducation publique, on tue le respect de Dieu, le respect du père, c'est à dire de la famille, et enfin le respect du pouvoir ou de l'État.»

Montalembert [233]

L'autorité, étymologiquement, c'est le pouvoir de l'auteur sur l'œuvre qu'il a créée. C'est donc essentiellement, dans la culture occidentale, celle de Dieu sur sa création, et particulièrement les hommes. Puis se sont ajoutées des autorités secondes, celles des rois, chefs, dictateurs, généraux, adjudants, etc. . La Bible étant la parole de Dieu, l'argument d'autorité a été longtemps une simple citation de cet ouvrage, bien choisie, c'est à dire allant dans le sens que l'on souhaitait. Puis d'autres auteurs, Aristote ou St Thomas, par exemple. Si bien que les autorités sont devenues innombrables, comme le sait bien le simple citoyen, tenu de leur obéir et même de les respecter.

En termes d'arguments, le plus souvent, les autorités restent celles d'auteurs, que l'on utilise, ou derrière lesquels on s'abrite. C'est un type d'argument qui a toujours été aussi contesté qu'utilisé.

Pline l'Ancien : **« Et jamais l'erreur n'est admise plus facilement que quand une fausseté est garantie par une autorité de poids. »** [234]

Arnaud et Nicole : **«Mais il n'y a point de faux raisonnements plus fréquents parmi les hommes, que ceux où l'on tombe [...] en jugeant témérairement de la vérité des choses par une autorité qui n'est pas suffisante pour nous en assurer. [...] Souvent on ne regarde que le nombre de témoins, sans considérer si ce nombre fait qu'il soit plus probable qu'on ait rencontré la vérité : ce qui n'est pas raisonnable. Car [...] il est plus vraisemblable qu'un seul trouve la vérité, plutôt qu'elle soit découverte par plusieurs. [...] Souvent on se persuade par certaines qualités qui n'ont aucune liaison avec la vérité des choses dont il s'agit. Ainsi il y a quantité de gens qui croient sans aucun examen ceux qui sont les plus âgés, et qui ont plus d'expérience dans les choses mêmes qui ne dépendent ni de l'âge ni de l'expérience, mais de la lumière de l'esprit. »** [235]

La publicité, elle, avec son audace habituelle, ne s'abrite, le plus souvent même pas derrière une autorité personnalisée. C'est la structure même de la phrase qui est injonctive et donc d'autorité. Les publicitaires en sont parfaitement conscients : **«Dans beaucoup de messages, cet influenceur n'a pas d'identité repérable, ni de lieu** évocable. **Ni personne, ni instance clairement identifiée, il se manifeste comme une Conscience avertie, détentrice d'une vérité ou d'une conviction au nom de laquelle le discours pourra dès lors, se tenir sur un mode injonctif ou prescriptif qui sied au genre. Autorité du savoir, morale du Devoir ou Intérêt bien compris, cette liaison transcendante, toute non identifiée qu'elle soit, n'en est pas moins, textuellement identifiable : elle opère par exemple, sous forme d'énoncés assertifs inauguraux [...] (« Tout le monde a besoin d'argent.»)** [236] On ne peut être plus clair, si l'on pourrait être moins pompeux.

L'autorité directe

L'autorité de Dieu

Elle n'est plus utilisée dans l'univers occidental, sauf dans quelques secteurs où se mêlent archaïsme et pathologie. Dans d'autres univers, elle est encore utilisée, et parfois confortée par l'autorité de la science. **« En la matière, la vérité historique finira toujours par rejoindre et confirmer la promesses divine : « C'est nous qui avons fait descendre le rappel (le Coran) et c'est nous qui en assumons la conservation » (Coran, 15 ,9). »** [237] Il y a quelques dizaines d'années, c'était d'ailleurs aussi un thème à la mode dans certains milieux occidentaux

L'autorité...de l'autorité

L'argument d'autorité le plus classique consiste à s'abriter derrière l'autorité... d'une autorité

Arnaud et Nicole : **« Ainsi dans les choses de la foi, l'autorité de l'Église universelle est entièrement décisive, et tant s'en faut qu'elle puisse être un sujet d'erreur, qu'on ne tombe dans l'erreur qu'en s'écartant de son autorité, et en refusant de s'y soumettre. »**

Il va de soi que les autorités derrière lesquelles on s'abrite varient au gré des siècles, des modes ou des idéologies. On n'oserait sans doute plus écrire : **« Mais quand il serait vrai que les seuls hommes qui, dans les premiers moments, ont ajouté foi aux miracles de Jésus, eussent été des individus ignorants et de la dernière classe du** peuple, s'ensuivrait-il que ces miracles étaient faux ? » [238] Tout de même, si Saint Pierre avait été un homme de condition, c'est à dire était sorti de l'E.N.A., cela ôterait quelque doute, non ?

1919 .

> « Un bon portrait doit être signé
>
> **PIERRE PETIT**
>
> **Chevalier de la légion d'honneur** » [239]

C'est probablement toute l'autorité de l'État qui pesait, à cette époque, à travers cette décoration.

L'autorité des auteurs

> « *Manger une des feuilles de l'artichaut, c'est manger l'artichaut, comme dit Bossuet en son sublime langage.* (Politique tirée de l'Écriture sainte, passim.) »
>
> A. France, *Crainquebille*.

On imagine mal, de nos jours, l'autorité qu'ont pu avoir certains auteurs. Sans remonter à Aristote qui domine le monde occidental pendant plusieurs siècles, ou à Voltaire, un Gide avant la guerre de 1939-1945, un Sartre après elle, un Mauriac à cheval sur ces deux périodes, ont bénéficié d'une autorité qui étonne lorsqu'on lit, péniblement, l'une de leurs œuvres. Mais il faut dire que ces autorités étaient savamment construites.

Il est donc extrêmement tentant de s'abriter derrière de telles autorités.

Cicéron : « **C'est une chose dont on n'a jamais douté dans le monde [...] Je vous ai cité Pythagore, Démocrite, Socrate ; je n'ai excepté des anciens philosophes que Xénophane, et je vous ai fait voir que l'Ancienne Académie, que les péripatéticiens, que les Stoïciens étaient tous d'un même sentiment là- dessus , et qu'il n'y a qu'Épicure qui soit d'une opinion contraire. Mais doit-on compter pour quelque chose le sentiment d'un homme qui dit qu'il n'y a point de vertu gratuite dans le monde? et qui est celui, au contraire, qui ne se sente pas entraîné par tant d'illustres témoignages, que l'antiquité nous a laissés ? »** [240]

«C'est tragique s'il est vrai que la tragédie, selon Aristote, tient à une certaine circularité ou réflexivité de l'action (sur le modèle Œdipe roi). Quelques cercles plus bas, cependant le comique menace (arroseur arrosé). »[241]   La référence à Aristote est essentiellement là pour impressionner le lecteur.

« ... la vision cinématographique d'un Brésil [qui] a gardé "un style" au sens où l'entendait Lévi-Strauss, partie intégrante des coutumes d'un peuple, de son système codé. » [242] L'auteur ne donne aucune référence. Il n'est pas certain que le lecteur garde un souvenir précis du concept de "style " chez Lévi-Strauss (et d'ailleurs le peut-il ?). A défaut d'une référence, il aura donc tendance, s'il a l'esprit un tant soit peu critique, à penser que cette allusion est là pour tenter de l'impressionner. D'autres se laisseront impressionner !

« Un bourgeois de Labiche n'aurait pas voulu d'un Messmer pour gendre. » [243]M. Messmer était dans les années 70 Premier ministre du président Pompidou. Quant à Labiche, il est l'auteur de célèbres pantalonnades encore jouées de nos jours. Il est assez rare de l'utiliser comme autorité !

« Depuis 1924, la vénérable abbaye bénédictine, où plane toujours le souvenir de Paracelse l'alchimiste… » [244] L'auteur veut passer pour cultivé. Paracelse n'est plus qu'un nom célèbre dont l'œuvre est aussi difficile qu'oubliée.

L'argument d'autorité peut aussi prendre simplement la forme d'un ton péremptoire associé à des autorités.

 « Tous les grands auteurs, Freud, Lacan, Winnicot, s'accordent donc à nous enseigner qu'ici la différence spécifique ne s'accroche pas sans problème à son genre prochain. » [245]

Encore faut-il que cette autorité ait quelque compétence dans la matière traitée.

Lyssenko : « Les biologistes devraient méditer encore et toujours les paroles de F. Engels.» [246] Méditer est le mot juste avec sa connotation religieuse. Mais qu'est-ce qu'un biologiste de 1948 a à voir avec les paroles d'un industriel de 1848 ? A l'époque, cependant et dans cet univers, Engels était, littéralement, parole d'évangile.

L'autorité des savants

M. Cachin : **« C'est ce qu'ont compris, avec les prolétaires innombrables, des savants illustres. »** [247]

L'autorité des gens célèbres

« Harry Baur aussi préfère les meubles signés Lévitan » [248]

H. Baurr était un acteur célèbre dans les années 1930.

« Star du tennis Anna Kournikova a choisi la Constellation « Carré » en or 18 carats. » [249]

L'autorité... de la télévision

Reprenons d'abord une plaisanterie, piquée au vol à la télévision, sans que nous ayons pu, hélas ! en retenir l'auteur.

« - Il est célèbre, il passe à la télévision !

- Et pourquoi est-il célèbre ?

- Ben, parce qu'il passe à la télévision. »

La télévision est en passe de remplacer les autorités classiques dans la capacité à décerner des brevets de ceci ou de cela.

« Sophie Cadalen est psychanalyste (elle intervient dans « Ciel, mon mardi » sur TF1). » [250] Elle pourrait intervenir à la Sorbonne ou à la Pitié-Salpêtrière, ce qui autrefois, donnait quelque autorité. TF1 est donc en train de remplacer l'Université ! Mais il est vrai qu'il n'y a plus guère qu'à la télévision que la psychanalyse auréole de quelque compétence.

L'autorité de la fonction

Le nom de M. Chirac, alors Président de la République, ayant été prononcé par des auteurs d'actes délictueux, désignant M. Chirac comme le bénéficiaire de ces actes, un juge, en charge de ce dossier, veut entendre celui-ci comme témoin et lui envoie une convocation au palais de l'Élysée. Certains estiment cet acte légitime et d'autres, non. Un partisan de M. Chirac s'indigne et juge cette convocation **« insultante pour la fonction présidentielle ».** [251] Exagération classique confondant une fonction et l'individu qui la remplit momentanément et ici abritant la personne derrière l'autorité de la fonction.

De même, de simples citoyens signeront leurs articles de Untel, professeur à l'École polytechnique [252] ou au Collège de France, ou chercheur au CNRS, [253] sans même donner leur spécialité, comme si une compétence en mathématiques, ou en sport ou en n'importe quelle discipline, pouvait donner plus de poids à une opinion politique ou un point de vue sur quelque fait social. C'est bien cela qu'ils veulent faire croire, pas très honnêtement, il faut l'avouer

L'autorité « scientifique »

> « C'est une étrange sorte de science que celle-là qui prouve ce qui n'est point par ce qui n'est point. »
>
> Arnaud et Nicole, *L'art de penser.*

La science étant un des signifiants incontestables de notre époque, elle est extrêmement utilisée comme argument, essentiellement sous la forme d'un vocabulaire qui oscille entre le savant et le jargon.

La publicité en fait un usage d'autant plus intensif que les produits présentées, particulièrement les produits de beauté, ont un intérêt ou une efficacité limités. Généralement, ce vocabulaire est adéquat en ce sens que c'est celui que l'on retrouve dans les revues spécialisées, et inadéquat dans son contexte, car les sujets exposés à la publicité n'ont pas les connaissances permettant de la juger. Il s'agit d'impressionner le lecteur ou l'auditeur. Il s'agit donc d'une variété de l'argument d'autorité.

« Jod-kaliklora

Le dentifrice recommandé par tous les médecins

Contient 1,0075 % d'iode organique, dont 0,000036 gr. sont résorbés par les gencives. » [254]

Cette pub est parue dans un journal allemand édité en français durant l'occupation, ce qui explique peut-être ce pédantisme. Avec autant de zéros, le chiffre après la virgule est en fait sans aucune signification.

« Le complexe énergétique exclusif de Rénergie fortifie les fibres des cellules pour leur redonner volume et densité. C'est la performance fermeté. Ainsi remusclées, les cellules s'imbriquent mieux entre elles pour renforcer l'épiderme » [255]

« Réducteur Rides contient des actidensifieurs qui interviennent dans l'organisation naturelle des structures de la peau : l'hydroxyproline qui stimule la production d'élastine et de collagène et un dérivé de silicium organique qui régénère les fibres élastiques. Les rides s'aplatissent comme comblées de l'intérieur. » [256] Il y a peut-être un dérivé organique de silicium, mais sûrement pas un dérivé de silicium organique. Quant à l'actidensifieur ! Évidemment, aucune preuve de quoi que ce soit.

« Les pellicules sont des cellules mortes de la peau du cuir chevelu. Lorsqu'il y a déséquilibre, il est possible de le corriger grâce au zinc pyrithione. C'est une substance active qui détruit l'agent responsable de la formation des pellicules. Voilà pourquoi le shampooing médical antipelliculaire Ultrex contient 1,7 % de zinc pyrithione. » [257] En général, lorsqu'il y a déséquilibre, c'est entre deux éléments. On n'indique évidemment pas lesquels. Que la substance soit active est une heureuse chose ! Une substance inactive eut été probablement moins efficace ! Si ladite substance active détruit l'agent responsable de la mort des cellules du cuir chevelu, que voilà une nouvelle sensationnelle : la mort des cellules est pratiquement vaincue. L'immortalité n'est pas loin! Dommage que seul le cuir chevelu en profite.

« Les gencives aussi vieillissent. Avec l'âge, les moyens de défense des gencives s'affaiblissent. Cette fragilisation peut entraîner le déchaussement des dents. Chaque jour, il faut prévenir ce vieillissement. Pour une protection intégrale des gencives et des dents. La formule unique de Parogencyl anti-âge gencives permet de lutter contre les agressions quotidiennes. La chlorhexidine, puissant agent antibactérien, protège des attaques de la plaque dentaire. La vitamine E renforce les défenses face aux radicaux libres, accélérateurs de vieillissement. Le Ginkgo biloba stimule la microcirculation, et le fluor renforce l'émail des dents. Une innovation, l'actif-base au non ionique. » [258]

Utilisation une fois de plus, d'un vocabulaire, qui même s'il est vraiment scientifique, n'a aucun sens pour le consommateur moyen.

On n'explique évidemment pas ce que sont ces fameux radicaux libres ou ce non ionique.

« Geste essentiel pour la peau, Performance H2O Absolute fluid for the Day allie en une formule unique une double performance. Forme un véritable filet d'eau à la surface de la peau, Absolute Fluid for the Day assure, dès le matin et tout au long de la journée, une hydratation * immédiate et continue. »

* couches supérieures de l'épiderme.

Curieux mélange entre l'anglais ("for the day" est tout de même plus sérieux que "pour le jour"). Notons cet invraisemblable filet d'eau qui coule sur la peau à longueur de journée.

CAPTURE LIFT 4 BREVETS : UN EFFET LIFTING SANS PRÉCÈDENT.

« Pour aider votre visage à passer le cap de l'âge en beauté ; les Laboratoires Christian Dior ont créé CAPTURE LIFT. Restructurant Visage nuit. Innovation protégée par 4 brevets, les liposomes Vitamine A sont "téléguidés" pour atteindre avec précision le cœur de l'épiderme. Très vite, la peau se lisse et se retend. Les traits se raffermissent, l'ovale du visage retrouve netteté et tonicité : 9 femmes sur 10 le confirment ». [259]

Qu'on nous explique un peu comment a été construit l'échantillon. Quant aux liposomes téléguidés vers le cœur de la peau, on aimerait connaître l'ingénieux mécanisme qui opère ce miracle.

Il n'y a évidemment pas que la publicité : **« Aux confins de la mythologie, de la mécanique quantique et des paradoxes temporels chers à la science fiction.. »** [260] La mécanique quantique est fort complexe. Il est probable que l'auteur ne la connaît pas mieux que son lecteur. Il veut simplement impressionner ledit lecteur.

L'autorité indirecte

La référence allusive

Dans d'autres cas ; on ne citera même pas le nom de l'auteur, en jouant sur quelque chose de l'ordre de la «private joke ».

Bourdieu : **«Le langage d'autorité, qui doit imposer et en imposer, procède par équations : "ceci est équivalent de cela, est tout**

simplement cela, égale cela, signifie bien. " Ces formules de la forme "les Bororos sont des Araras", fonctionnent dans la logique de la participation et, disant à la fois ce qui en est et ce qu'il faut en dire, en faire ou en penser, opèrent une véritable transmutation ontologique de la chose nommée.» [261]

Inutile de commenter, le texte porte en lui-même sa propre critique. Revenons cependant sur les Bororos. Seuls des guillemets indiquent qu'il s'agit d'une citation. On n'indique pas l'auteur, tout citoyen français, connaissant par cœur dès l'enfance ses fables de La Fontaine et dès l'adolescence ses «Tristes Tropiques». Il s'agit en fait d'un double argument d'autorité, celle d'autrui en mettant en avant un auteur célèbre, la sienne en faisant remarquer combien l'on est cultivé, passant sa vie avec les auteurs les plus profonds.

La malédiction

« Le "Charles de Gaulle", [262] histoire d'un bateau maudit ». Titre d'un article [263] dont il ressort qu'un certain nombre de contrôles n'ont pas été effectués avant la mise en service de ce navire. Mais se référer à la malédiction qui a une connotation religieuse et magique, permet d'exonérer les responsables. Le contribuable sera donc prié de payer pour lutter contre la malédiction. « *Il y a de la malédiction là-dessus. Se dit quand une chose ne réussit pas sans que la cause en soit apparente.* » (Dict. Littré)

L'inexplicable

Publicité : **« A peine montés à bord, nous avons été frappés par une grande luminosité »**

« Comme enveloppés dans une sensation nouvelle. Un bien-être et un plaisir absolus. Jamais éprouvés auparavant »

« Puis, soudain, je ne sais pas t'expliquer »

« Mais je me souviens que c'est comme si nous avions été projetés dans une nouvelle dimension : d'espace et de temps »

« Enfin, tu vois, une sorte de passage dans le futur ! »

« C'était fantastique . »

« Georges prétend maintenant que nous avons rêvé et que nous avons pris trop de soleil pour notre première sortie en mer » [264]

Le miracle

Il n'y a pratiquement plus de miracles dans les églises officielles occidentales. Il n'y a plus guère que dans les sectes que l'on rencontre des thaumaturges. Il nous a donc fallu remonter dans le temps pour trouver des miracles comme argument. En voici un exemple assez plaisant.

«Ce jour-là, Rabbi Eliezer, au cours d'une discussion, n'avait pu convaincre ses auditeurs, bien qu'ayant donné tous les arguments possibles. Il s'écria alors : *« Si ce que je dis est vrai, que ce figuier le prouve.*» Et le figuier se déplaça de 100 coudées (d'autres disent de quatre cent coudées). On lui répondit qu'un déplacement ne prouvait rien. Il s'écria alors : *« Que ce cours d'eau le prouve.*» Et le cours d'eau reflua en arrière. On lui répondit que le reflux d'un cours d'eau ne prouvait rien. Il s'écria alors : *« Que les murs de l'École le prouvent*» et les murs penchèrent, menaçant de s'écrouler. Rabbi Josué intervint alors et gronda les murs, disant ; *« Des disciples peuvent discuter sur la vérité, mais vous, murs, quelle qualité avez-vous pour le faire ?*» Par respect pour Rabbi Josué, les murs s'arrêtèrent de pencher, mais ne se redressèrent pas par respect pour Rabbi Eliezer. Les murs étaient donc encore penchés, quand Rabbi Eliezer reprit : *« Si la vérité est bien comme je l'affirme, qu'on le prouve donc du ciel. »* Alors une voix céleste se fit entendre disant : *« La vérité est bien comme dit Rabbi Eliezer.*» Rabbi Josué intervint alors et fit cette citation : *« Elle n'est pas dans le ciel* (Deut. XXX, 12) ». Que faut-il entendre par cette phrase *« Elle n'est pas dans le ciel.*» A ce propos Rabbi Jérémie dit : *« Il faut entendre par là qu'à partir du moment où la Loi nous a été donnée sur le Mont Sinaï, ce n'est pas une voix céleste qui peut modifier cette Loi. En effet, il est écrit, et c'est la parole même de Dieu sur le Mont Sinaï : « Il faut suivre la majorité »* (Exode, XXIII, 1,2.), *ce qui veut dire qu'elle ne peut être changée que par cette majorité.*»

Quelque temps après, Rabbi Nathan, ayant rencontré le prophète Élie, lui demanda : *« Que faisait Dieu durant cette discussion?,»* . Et le Prophète lui répondit : *« Par ta vie, il a dit : mes fils m'ont eu, mes fils m'ont eu.*»[265]

Le mystère

Le mystère a tenu dans la culture religieuse occidentale la place qu'a tenu la dialectique dans l'univers marxiste, léniniste, trotskiste, maoïste, etc. Il permet d'expliquer l'inexplicable et surtout de justifier l'injustifiable.

Dans son épître à Saint Jérôme, Saint Augustin discute longuement de l'origine de l'âme des enfants qui naissent. Le problème n'est pas seulement spéculatif, car il a des conséquences importantes, d'ordre affectif, auxquelles Saint Augustin est fort sensible. En effet, le péché originel rend pécheur toute personne non baptisée. D'où il découle que les enfants non baptisés vont en enfer. Trois thèses officielles sont en présence quant à l'origine des âmes :

- l'âme des enfants procède de l'âme de leurs parents comme leur corps ;

- il y a une sorte de réservoir d'âmes créées une fois pour toutes où Dieu puise à chaque naissance ;

- Dieu crée les âmes au fur et à mesure.

Ces trois thèses sont soutenues par des arguments tirés de l'Écriture Sainte, parole de Dieu, et il suffit donc de trouver dans les Écritures une phrase qui va dans un certain sens, pour que cette phrase devienne un argument irréfutable. L'idée d'une création continue des âmes est indéfendable, l'auteur en convient, car on voit mal comment Dieu pourrait créer des âmes pécheresses. Par ailleurs, si Dieu a créé les âmes une fois pour toutes, il l'a fait lors de la création et donc avant le péché originel et ces âmes ne peuvent être entachées de la faute d'Adam. Reste donc l'hypothèse que les âmes procèdent de celle de leurs parents et sont tributaires comme elles du péché originel. Cette opinion est d'ailleurs combattue par certains au prétexte qu'il est écrit que « **Dieu a achevé toutes ses œuvres le sixième jour.** » Mais Saint Augustin voit un contre argument car il est écrit : « **Mon Père travaille encore à cette heure** ».

Il y a par ailleurs un élément clé, un dogme, qui veut que Jésus est venu sur terre pour sauver les hommes, que les hommes ne peuvent être sauvés que par le baptême, ce qui a pour conséquence inéluctable et redoutable que les enfants morts sans baptême vont en enfer, en raison du péché originel. Ce dernier point pose problème à

Saint Augustin, un peu choqué, il y revient de façon insistante, à l'idée que des enfants, qui n'ont commis aucun péché, puissent aller en enfer.

Saint Augustin résout le problème par ce qui nous paraît une échappatoire, mais qui a été longtemps un argument irréfutable : « **Nous pouvons dire d'ailleurs, que c'est un secret qu'il faut laisser à la conduite admirable de la Providence de Dieu, qui règle avec un ordre merveilleux, plein de bienséance et de dignité, le cours de toutes les choses humaines, de tout ce qui se passe dans le temps [...] Certes nous ne sommes pas capables d'entendre cette belle harmonie par laquelle Dieu gouverne l'univers ; que si nous l'entendions, nous serions ravis et nous sentirions une joie qui ne se peut exprimer.»** [266]

Pascal en rajoutera, si l'on ose dire, avec ce style tranchant, péremptoire, propre aux Pensées : « **Car qu'y a-t-il de plus contraire aux règles de notre misérable justice que de damner un enfant incapable de volonté, pour un péché où il paraît avoir eu si peu de part , qu'il est commis six mille ans avant qu'il fût en être ? Certainement, rien ne nous heurte plus rudement que cette doctrine. Et cependant sans ce mystère, le plus incompréhensible de tous, nous sommes incompréhensibles à nous mêmes. Le nœud de notre condition prend ses retours et ses plis dans cet abîme. De sorte que l'homme est plus inconcevable sans ce mystère, que ce mystère n'est inconcevable à l'homme.** » [267] Bel exemple de cette «dialectique» si redoutable chez certains intellectuels.

La souffrance

« **La fille de F. Mitterrand, M. Pingeon a décidé d'assigner P. Marion, [...] devant le tribunal de grande instance, à la suite de la publication du livre *Mémoires de l'ombre*. Son avocat demande 500 000 francs de dommages intérêts en réparation de vingt-trois passages du livre, jugés "attentatoires" à la mémoire de l'ancien présidente de la république[...] et 500 000 francs pour deux autres passages qu'il juge "diffamatoires ". L'avocat estime que "les offenses graves à la mémoire de son père causent à Mazarine Pingeot un préjudice important qui n'a d'égal que sa souffrance."»** [268]

Généralement dans ces cas-là, on se bat pour le principe et l'on demande un franc de dommages et intérêts. Mais comme dit le proverbe : Tel père, telle fille. **« Ainsi donc, François Mitterrand aurait monnayé ses conversations avec Elkabbach. C'est si inimaginable qu'on aurait du s'y attendre. Les naïfs qui auront cru regarder un entretien pour l'histoire savent désormais ce qu'ils ont vu : un investissement d'outre-tombe. »** [269]

Le martyre

« La persuasion n'est plus affaire de rhétorique mais de composition plaintive. Dans les procès la défense présente de plus en plus l'accusé comme une victime- de la société, de son enfance, de la presse, qu'importe ! » [270]

« Les para-scientifiques se présentent en situation de martyre face au dogme, face à l'inquisition scientifique. » [271]

Le péché

« Les six millions de malheureux juifs que les nazis ont tué ne l'ont pas été gratuitement. Ils étaient la réincarnation des âmes qui ont péché et ont fait des choses qu'il ne fallait pas faire. » [272]
S'ils avaient péché…

« Un jour, sur le parvis du temple de Jérusalem, deux enfants de prêtres jouaient en se chamaillant l'un avec l'autre. Dans leur jeu, ils avaient innocemment pris possession du couteau utilisé pour les sacrifices. En se disputant, ils tombèrent l'un sur l'autre et le couteau transperça le ventre de l'un des enfants, qui se mit alors à hurler de douleur. Alarmé aux cris de l'enfant, les prêtres se précipitèrent sur le lieux du drame et horrifiés par la vision du sang qui coulait, retirèrent la lame du ventre de l'enfant et se mirent à discuter du statut d'impureté dans lequel se trouvait le couteau des sacrifices. Durant leur discussion, l'enfant blessé mourut et c'est alors que Dieu décida de détruire le temple et d'exiler les enfants d'Israël de leur terre. » [273]

La transgression

Braver les interdits , la morale, la loi, verbalement bien sûr et sans transgresser les lois est un des poncifs les plus usés du siècle dernier. Sous son autorité, on abrita tout et n'importe quoi, particulièrement de pauvres choses. **« " Le sens de l'érotisme échappe à quiconque n'en voit pas le sens religieux. Réciproquement, le sens du** religieux échappe à quiconque néglige le lien qu'il présente avec l'érotisme." (G Bataille) Un silence gêné accueille cette affirmation. Elle choque aussi bien les dévots que les pervers rationnels qui croient les combattre. Misère de la philosophie, bavardage de la morale , ennui profond , livres inertes : tout se passe et c'est bien normal, comme si Sade et Nietzsche avaient existé et écrit pour rien. Et Bataille ? Rien. » Lier érotisme et religion peut-il encore choquer en Occident, sauf dans quelques rares secteurs archaïques ? C'est ce qu'espère l'auteur pour relancer les ventes d'auteurs bien vieillis, qui ne choquent plus guère et intéressent encore moins. [274]

Il…

« Il », dans la langue française remplit bien des fonctions. L'indéfini, comme dans « Il va pleuvoir » ou dans **« Il y a bien peu de gens pour qui la vérité ne soit une sorte d'injure. »** (Ségur)

J. Chirac : **« Il doit y avoir des limites à la calomnie. »** Or par définition la calomnie n'a pas de limites : **« …il n'y a pas de plus plate méchanceté, pas d'horreurs, pas de conte absurde qu'on ne fasse adopter aux oisifs d'une grande ville. »** [275] Mais surtout, il faudrait définir ce « il ». Est-ce la politesse, la loi, la peur … ?

L'incontestable

Il ne s'agit plus de s'abriter derrière l'autorité d'un auteur, mais derrière quelque chose qui, à un moment donné, ne peut être contesté, soit parce que tout le monde est d'accord, soit parce que ce serait dangereux d'une façon ou d'une autre.

Homère : **« O Achille Pèléide, le plus brave des Achéens, tu l'emportes de beaucoup sur moi, et tu vaux beaucoup mieux par ta lance, mais ma sagesse est supérieure à la tienne, car je suis ton aîné et je sais plus de choses. »** [276] Dans le contexte de l'époque, la séniorité est un argument incontestable.

1914. **« Debout France, Christ des nations. C'est ton heure, car c'est l'heure de souffrir pour le Droit. Cette guerre sera la dernière des grandes guerres de la Révolution. A cent vingt-cinq ans de distance, nous nous retrouvons, les Prussiens et nous, des deux côtés de la barricade, eux du côté des privilèges de naissance défendus par la brutalité, nous du côté des droits de**

l'homme assis sur la raison et la libre discussion.[...] Notre cause sacrée va éveiller par-delà les océans, tout ce qui, sur le globe, porte un cœur d'homme capable de battre pour la justice[...] qui ont appris à murmurer avec respect le nom de Français. [...] L'Allemagne vient de déclarer la guerre au genre humain... » [277]
Qui oserait, à ce moment, soutenir le contraire !

Le plus souvent sert à couvrir de singulières marchandises.

N. Chomsky : **« Souvenez-vous, Hitler avait envahi la Tchécoslovaquie au nom des droits de l'homme, lui aussi. Le colonialisme était également justifié par les droits de l'homme et le progrès. L'agression mussolinienne contre l'Éthiopie avait pour justification officielle la libération des esclaves. Je crois d'ailleurs qu'ils ont été libérés. Les colons blancs avaient eux aussi arrêté l'esclavage en Afrique. La propagande la plus mensongère contient souvent une part de vérité. »** [278]

Un haut fonctionnaire : **« Le salut public n'est pas négociable. »** [279]
Certes. Mais la ficelle est grosse. Qui a défini ce que contient ce salut public ?

Le cheval de Troie

Il s'agit de s'appuyer sur un point peu contestable pour en faire passer un autre beaucoup plus contestable.

« Lors du 11° Forum Cartoon... les producteurs européens de dessins animés ont exprimé leur vive préoccupation à propos de l'éventuelle interdiction de la publicité dans les programmes jeunesse. "Si cette proposition était adoptée, elle mettrait gravement en danger la profession qui depuis quinze ans déploie de grands efforts pour construire une industrie européenne de l'animation. ", affirment les producteurs français. » [280]

Les dessins animés sont un excellente chose lorsqu'ils distraient ou instruisent, mais non lorsqu'ils profitent de la faiblesse de l'enfant pour l'amener à désirer des produits aussi inutiles que coûteux. On ne reproche rien, ici, à l'animation, sauf d'être le cheval de Troie de la publicité.

Le mécénat

> « Quant aux mécénats, sponsorings et fondations qui prolifèrent sous des airs flatteurs de bénévolat, ils consistent surtout à répartir des bénéfices retirés des consommations et des salaires, à la discrétion paternaliste, et pour la gloriole personnelle de managers amateurs d'art, de sport, d'aventure ou d'évasion fiscale. »
>
> B. Poirot-Delpech [281]

Le mécénat peut être assimilé à un argument d'autorité en ce sens que l'on s'abrite derrière un incontestable, l'art, telle grande cause humanitaire, pour faire la publicité de causes beaucoup plus contestables.

SEITA en Sciences

de l'homme et

de la société

[...]

Après " Faut-il réinventer le dimanche " en 92,
" La politesse est morte, vive la sincérité? " en 93,
le thème de la scession (sic) **94 retenue**
(sic) **par le comité scentifique** (sic) **est "**
Être de plusieurs lieux ou milieux à a (sic) **fois.** [282]

Le SEITA devrait mécéner une réforme de l'ortografe, et puis se taire.

L'autorité du bon sens

> « Le Bon sens est la chose du monde la mieux partagée : car chacun pense en être si bien pourvu, que ceux mêmes qui sont les plus difficiles à contenter en toute autre chose n'ont point coutume d'en désirer plus qu'ils n'en ont. »
>
> Descartes, Discours de la méthode.

Les arguments utilisant le bon sens ont l'avantage de ... tomber sous le sens. Ils ne demandent donc pas plus d'efforts de justification à celui qui les utilise, que d'efforts de compréhension à celui qui les reçoit. Ce sont des arguments de peu de valeur, ce qui n'enlève rien à leur efficacité.

La tautologie

De Gaulle en 1944 : **« D'abord nous faisons la guerre, et je dis tout net que, sans effondrement subit de l'ennemi, nous n'avons pas fini de la faire. »** [283] Il est certain qu'une guerre continue tant qu'elle n'est pas terminée.

Mais, à part les grands hommes, il n'y a guère que la publicité qui ose :

Sans une approche
intégrale, on a une
vision
réduite
de l'entreprise [284]

Il est certain qu'une approche qui n'est pas intégrale, n'est pas intégrale !

LA QUINZAINE DU DIESEL PEUGEOT

15 JOURS ? ÇÀ LAISSE DU TEMPS POUR RÉFLÉCHIR

MAIS PAS PLUS DE DEUX SEMAINES

Il est également certain que deux semaines font quinze jours !

Le gros bon sens

Il peut être populaire : **« Le père était alcoolique ; n'est-ce pas, c'était forcé : il avait été au Tonkin, cinq ans... il avait la médaille, c'était forcé qu'il soit alcoolique, et *vous savez* comme les alcooliques ont des enfants, à chaque coup, çà ne peut pas rater, *vous le savez...* »** [285]

Mais l'appel au bon sens peut aussi être utilisé par des intellectuels.

Prenons un exemple dans une des mystifications les plus célèbres de l'histoire, qui fut aussi un épisode sanglant, ce qui donne du poids aux choses dites à cette occasion. En 1948, un biologiste soviétique soutient à l'encontre de la communauté scientifique, que les modifications apportées à un être vivant par l'influence du milieu, pouvaient être transmises héréditairement. L'affaire était d'importance, car elle renversait les idées communément admises en biologie, elle donnait au marxisme une caution scientifique dont il manquait cruellement, elle permettait des espoirs grandioses quant à la possibilité de diriger l'hérédité. Elle était de plus un enjeu capital dans la lutte mondiale que se livraient deux impérialismes qui se présentaient comme deux systèmes politiques et deux systèmes de valeurs entre lesquels chacun était sommé de choisir. Elle fit l'objet d'une présentation assez complète, dans la revue Europe dans son numéro d'octobre 1948, introduit par l'inamovible Aragon :

« Personnellement, je ne suis pas biologiste. Ma confiance dans le marxisme me fait naturellement souhaiter que les mitchouriniens aient raison dans cette bagarre. Ce n'est pas un argument pour les non marxistes. Et il est de fait qu'il y a des hommes qui se considèrent comme marxistes et qui estiment

pourtant que c'est la génétique classique qui a raison contre Mitchourine et Lyssenko. Si je ne vois pas comment ils s'arrangent avec leur marxisme, la faute en incombe sûrement à ma déficience dans ce domaine, que je ne nie pas, et en général à mon ignorance de la science biologique. Mais cependant à s'en remettre au <u>gros bon sens</u>, [286] il me semble [...]. »[287]

Aragon, malin, joue au paysan du Danube ! Ce qu'il n'était évidemment pas, mais lui permit de faire une belle carrière.

Le pseudo bon sens

Titre : « **Fausse idéologie du Net** ».

« Il touche également la communication. Internet ne la facilite pas, selon le sociologue. L'interactivité : elle conduit à trouver ce que l'on cherche, alors que la radio et la télévision, en imposant ses programmes, contraignent à accepter l'altérité. »

C'est une vieille lune, d'origine religieuse, remise au goût du jour. C'est dans la contrainte qu'on trouve la liberté, dans l'obéissance qu'on s'épanouit, sur le bûcher qu'on sauve son âme, etc. Ce qui ne se veut même pas un paradoxe.[288]

Le faux bon sens

> ### En installant sa nouvelle usine en France,
> #### TOYOTA RELANCE LA COURBE DE L'EMPLOI [289]

Les auteurs ont oublié qu'une courbe pouvait être ascendante ou ... descendante !

« **Les français portent à Bernadette Chirac une réelle affection. On leur a suffisamment répété que sa famille était riche ; nul ne l'imagine participant à je ne sais quelle combinaison pour régler ses notes de gaz.** »[290] Cela ne prouve évidement rien. On sait que c'est dans les hôtels de luxe que les clients volent le plus de serviettes de bain et autres accessoires.

La justification par la nature

Buffon : « **La nature est le système des lois établies par le créateur pour l'existence des choses et pour la succession des êtres. La nature n'est point une chose, car cette chose serait tout. La nature n'est point une être, car cet être serait dieu. Mais on** peut la considérer comme une puissance vive, immense, qui embrasse tout, qui anime tout et qui, subordonnée à celle du premier être, n'a commencé d'agir que sur son ordre. »[291] C'est dire que le plus souvent, l'ordre dit naturel est en fait considéré comme l'ordre divin, c'est à dire à la fois intangible et bénéfique.

De Gaulle : **« La guerre est une loi de la nature et la nature ne veut pas qu'on attente à ses lois. »** [292] La nature d'un militaire étant d'obtenir de l'avancement, il faut bien des guerres pour faire de la place.

A propos d'un débat sur le fait de savoir si les élections présidentielles doivent précéder ou suivre les élections législatives : **« M. Carcassonne détaille " le casse-tête du calendrier" et fournit plusieurs pistes pour "rétablir l'ordre naturel des choses." »** La « nature » se moque bien d'un tel calendrier inventé par des courtisans pour flatter le narcissisme du général de Gaulle [293]

La justification par l'évidence

« Car le lieu le plus propre pour appliquer des cautères, (selon l'opinion des meilleurs auteurs,) c'est l'endroit des sutures, c'est à dire l'endroit où les deux sutures coronale & sagittale se rencontrent toutes deux ensemble. La raison pourquoi cet endroit est propre sur tous les autres, c'est que si l'on a dessein de divertir et appeler de dedans en dehors les humeurs qui croupissent dans la tête, il est raisonnable d'appliquer le remède susdit en cette partie là, d'où les dites humeurs nuisibles peuvent beaucoup plus librement sortir, que d'aucun autre endroit du crâne, qui est partout dur, épais & solide, fors qu'aux endroits des sutures. " [294] Comme beaucoup d'évidences, celle-ci a perdu , avec le temps son caractère de vérité.

« Il faut vivre avec la réalité telle qu'elle est. » [295] C'est le type d'argument qui peut servir à n'importe quelle cause, car il est certain que ceux qui vivent avec la réalité telle qu'elle n'est pas vont au devant des pires catastrophes !

« La guerre est lancée et il faut la gagner.» [296] C'est le fameux : « Le vin est tiré, il faut le boire. » On pourrait tout aussi bien dire : « Il faut faire la paix. »

« Agir au bon moment, c'est une évidence. » [297] Ce qui est moins évident c'est de déterminer quand est le bon moment.

« La graine de colza, cotée à 160 francs le quintal en décembre 1998 ne valait plus qu 106 francs huit mois plus tard. Quel est l'industriel qui pourrait gérer son entreprise dans un marché aussi volatil ? » [298] C'est pourtant ce qu'ont fait tous les français dans les années 1999-2000, lorsque le baril de pétrole est passé de 15 à 35 dollars !

« Le sujet de l'Incarnation n'est pas la première mais la deuxième personne de la Trinité. Et la meilleure preuve, soit dit en passant, que l'homme est triadique et ternaire, c'est que Dieu est Trinité. » [299] Deux lignes pour un sujet qui demanderait de lourds tomes thomistes. Wittgenstein disait : **« Ce dont on ne peut parler, il faut le taire. »** Que voilà une règle qui serait pénible à certains.

« Il n'y aura jamais qu'un CHIVAS REGAL ». Certes !

« Placements long terme.

Au Trésor Public,

le temps est votre allié »

Par définition, un placement c'est l'utilisation du temps. Et le temps est le même pour le Trésor public que pour n'importe quelle banque !

« Profitez chez vous de l'expérience de l'Institut Clarins pour amplifier les résultats de Lift Minceur Visage avec la méthode d'application « Auto-Lifting-Manuel », très efficace et très simple. Testé dermatologiquement, non comédogène. » [300]

Il ne manquerait plus que ce soin de beauté donne des comédons !

L'évidence peut aussi prendre la forme de liaisons apparemment logiques. C'est un des moyens utilisés par les vendeurs :

« L'art de vendre ou d'influencer du maître vendeur repose sur une façon particulière d'employer les mots destinés à guider les pensées et les sentiments du client. » C'est ce que l'auteur appelle des **« charnières mentales. »** [...] **« Étant donné que la première partie de la charnière doit être vraie, le client ne peut que l'accepter. "Vous êtes là, à regarder ce micro-ordinateur..." Cette évidence est alors rattachée à la partie principale de la phrase et**

vous imaginez à quel point l'efficacité de votre travail en sera accrue. Dans cet exemple, la charnière et relie une première affirmation à une deuxième qui amène le client à réfléchir à une efficacité accrue grâce à l'ordinateur. Puisqu'il ne peut s'empêcher d'accepter la première partie de la phrase, le client sera peu enclin à remettre en question la deuxième. Le client l'avale sans broncher, puisque le "médecin" a décidé que cela lui ferait du bien. En réalité, il a été guidé. Un objet près de vous, un fait observable, n'importe quel truisme ou proverbe, tout propos marquant l'adaptation, constitue la première partie de la charnière à laquelle le vendeur attache la deuxième partie, afin d'ouvrir l'esprit du client à des idées neuves, à des sentiments favorables, des expériences nouvelles, à tout ce que le vendeur veut lui communiquer. » [301]

La justification par la taille

« Un record !

Si tout le Byrrh produit au cours de trois-quarts de siècle d'existence

que Byrrh compte aujourd'hui, était mis en bouteilles,

toutes ces bouteilles alignées bout à bout permettraient

De relier la terre à la lune » [302]

C'est très bien pour le contenant. Cela ne prouve rien quant à la valeur du contenu.

« L'homme qui était trop grand » titre M. Habib-Deloncle, [303]. au lendemain du référendum négatif ayant amené la démission du Président de Gaulle.

Être trop grand est tout aussi rédhibitoire qu'être trop petit. Quand un boulon est trop grand pour une vis, il n'est pas de la bonne taille, point ! « L'Habib » était directeur politique de La Nation, journal de quatre pages, fort peu lu, mais fréquemment cité par les instances officielles et la télévision d'État.

«[L'Europe] est fondamentalement un nouveau pays, la nouvelle nation vers laquelle nous devons tendre. Si nous regardons la situation mondiale, les entités qui laissent une cicatrice dans l'histoire, sont celles qui ont une taille suffisante.» [304] « Cicatrice » est mal choisi, celle-ci étant la trace d'une blessure. Mais surtout, il suffit de penser à Athènes, à Venise ou à Florence pour être convaincu que la (grande) taille n'a rien à voir avec les traces laissées dans l'histoire. Sur bien des plans, la taille peut être une qualité ou... un défaut.

A l'inverse : « **Le territoire d'Israël, toutes zones autonomes et disputées comprises, équivaut en tout à celui de trois départements français de petite taille. La largeur moyenne du pays, entre le Jourdain et la mer est inférieure à la distance qui sépare Versailles de Fontainebleau. C'est là le fameux « grand » Israël dont les oreilles de millions d'hommes sont si souvent rebattues, pour le travestir en une prétendue entreprise « coloniale » coupable. »** [305] C'est pourquoi dans certains pays, les meurtriers de nains sont condamnés à une demi peine de mort.

P. Sollers : « **J'ai écrit un article sur ce thème, intitulé «** *la France moisie* **». Il fait à peine trois pages. Eh bien, je me suis fait insulter comme si j'en avais écrit trois cents... »** [306] Particulièrement stupide ! Comme si une bêtise étirée en trois cent pages était cent fois plus bête qu'une sottise ramassée en trois !

La justification par le rang

« **Le premier de nos axes stratégiques est l'acquisition et la préservation de positions de leader. Face à la compétition mondiale, un groupe doit être leader dans son métier pour pouvoir s'y maintenir et s'y développer. »** [307] C'est une confusion classique entre objectifs et moyens. Être leader peut être un moyen d'imposer sa loi et donc d'augmenter ses bénéfices. Ce ne peut être un objectif en soi. Les seconds, dans la position classique de challengers, peuvent tout aussi bien réussir. Souvent mieux, car ils s'endorment moins sur leurs lauriers. Et d'ailleurs : « **Tout le monde s'en fout qu'on devienne le numéro un mondial, à part le PDG qui se sent devenir un demi-dieu. »** [308]

La justification par l'ancienneté

« **C'est une opinion aussi ancienne que les siècles les plus reculés, et qui n'est pas moins reçue du Peuple Romain que des autres nations, qu'il y a une divination parmi les hommes ; c'est à dire un pressentiment et une connaissance des choses futures. Et si cela est, il faut avouer que la Nature humaine jouit par là d'un grand et noble avantage qui l'approche fort de la Nature**

Divine. » [309] Ce n'est pas parce qu'une opinion est répandue qu'elle est vraie ! Inconsciemment, Cicéron donne la clé de cette croyance : s'approcher de la nature divine. Beau rêve !

« Depuis la nuit des temps, la politique s'est financée par des moyens extra-légaux. » (M. Seguin, candidat RPR à la mairie de Paris) [310]. Sous entendu, pourquoi changer un système qui a fait ses preuves ?

La justification par la morale

« Il ne faudrait pas qu'au lendemain du processus électoral il y ait au sein de la population un sentiment de frustration et de xénophobie », a dit M. Josselin, en espérant que le processus électoral permettra **« à tous les étrangers résidant en Côte d'Ivoire de continuer à y vivre normalement. »** [311] Malheureusement, **« Avec près de 35% d'étrangers, la Côte d'Ivoire est l'un des pays qui ont l'un des taux d'immigrés les plus élevés du monde. »**[312] Si la France comptait 21 millions d'étrangers dont les ¾ illégaux, que dirait-on ? **« Aux vertus que l'on demande aux domestiques, peu de maîtres mériteraient de l'être. »** [313]

La justification par l'art

Une dame, physiquement banale et alourdie, si l'on en juge par les photos où elle pose nue, abondamment reproduites par la presse, publie le récit de sa vie sexuelle, amants multiples, simultanés, partagés, le train train de l'abattage en quelque sorte. D'après les compte rendus des journaux, pas de perversion majeure, en tout cas originale, mais une simple accumulation, classique dans ce domaine qui signe généralement un manque d'imagination. **« Qu'y lit-on en effet ? Une quête farouche du sexe pour le sexe, avec des mots exacts, dépouillés d'embarras autant que de fioritures ; la publication par elle-même d'une femme mise sens dessus dessous dans toutes les positions, une femme que les sexes font jouir et qui trouve du plaisir encore à s'exposer dans cet assez long récit. »** [314] C'est probablement une contribution intéressante à la sociologie ouvrière et aux implications psychologiques du travail à la chaîne. Mais cela ne suffit pas pour faire de grands tirages.

Très professionnellement l'agence de publicité qui supervise la publication du livre la couple donc dans le temps avec le lancement d'une émission de télévision dite « poubelle », ce qui offre aux journalistes fatigués l'occasion d'un parallèle dont Plutarque a montré tout le parti que l'on en pouvait tirer. Elle fait également en sorte qu'une grande surface interdise l'ouvrage dans ses rayons, merveilleuse publicité gratuite. Certains sont choqués et font savoir qu'ils réprouvent voyeurisme et exhibitionnisme. « **Nombre de succès littéraires de ces dernières années reposent sur le même principe. Il est même permis de considérer que l'exhibitionnisme est beaucoup plus cru dans l'univers de la culture légitime [...] Dénoncer** *Loft-story* **, c'est aussi refuser que les gens ordinaires aient l'audace d'imiter l'avant-garde. »** [315]

Mais cette dame étant directrice d'une revue d'art, elle appartient au milieu artistique et ce qu'elle produit est donc de l'art. « **Il n'y a rien de commun dans ces deux démarches. Dans La Vie sexuelle de Catherine M., Catherine Millet adopte la démarche artistique de quelqu'un qui se met en scène - comme un peintre choisit de faire son autoportrait - , tandis qu'il ne s'agit en rien d'une démarche personnelle pour les jeunes gens de "Loft Story". Eux n'ont pas choisi ces conditions fictives de vie, leur part de liberté n'existe pas. Liberté aux créateurs, mais pas aux marchands d'esclaves. »** [316] « **Mais les scènes racontées ne tombent pas dans le trash, et il y a beaucoup à apprendre et à méditer dans le matériau (comme diraient les psychanalystes) apporté par Catherine Millet que dans les contorsions et déchets de tant d'œuvres contemporaines - ou dans l'exhibition vulgaire de « Loft Story » à laquelle certains la renvoient. »** [317]

Chaque marionnette du répertoire vient ainsi saluer sur le devant de la scène et réciter son compliment, toujours le même. Et l'ouvrage se vend, ce qui est l'essentiel. « **L'invasion de la pornographie chic et du voyeurisme choc permettent dans l'édition, le cinéma et la télévision, d'attirer le chaland par une surenchère de « jamais vu » ou de « jamais lu », devenus simples arguments commerciaux. »** [318]

Car « *il y a plusieurs demeures dans la maison du Père* » et plusieurs façons, comme l'on dit dans certaines villes africaines, de « *faire boutique son cul* ».

Tout le monde dit que…

Cela ne prouve évidemment rien. Arnaud et Nicole : **« Souvent on ne regarde que le nombre de témoins, sans considérer si ce nombre fait qu'il soit plus probable qu'on ait rencontré la vérité : ce qui n'est pas raisonnable. Car [...] il est plus vraisemblable qu'un seul trouve la vérité, que non pas qu'elle soit découverte par plusieurs. »**

Affiche des années trente : « **Ils vont tous au nouveau cirque.** » Et alors ?

La culpabilisation

Culpabiliser quelqu'un, c'est faire en sorte qu'il se sente responsable de quelque chose dont, en fait, il n'est pas responsable. Cela suppose évidemment une certaine autorité, parfois implicite, de celui qui culpabilise. C'est un argument très utilisé par la publicité.

Années trente.

Pourquoi la

Calvitie

n'est elle permise qu'aux surhommes ?

Parce que :

Si vous avez affaire à des supérieurs, quels qu'ils soient, avec

vos cheveux vous perdez à leurs yeux la moitié de votre valeur [319]

POUR SUPPRIMER LE CHÔMAGE

Pour donner du travail aux

OUVRIERS FRANÇAIS

Achetez un poste de T.S.F.

FRANÇAIS [320]

Tel **BUSTE...** *telle* **femme**

Si vous faisiez pour votre buste la moitié de ce que vous faites

pour votre visage... que d'humiliations vous seraient épargnées. [321]

C'est par le buste qu'on vieillit le plus vite

La fermeté des seins est une question de soins

La femme a l'âge de ses seins. Aussitôt que la gorge a perdu sa rondeur, sa grâce

et sa fermeté, la vie sentimentale est finie, le bonheur conjugal est menacé.

Vous cessez d'être attrayante et désirable. [322]

Publicité contemporaine.

« Mais oui, bien sûr, les voitures ne vous intéressent pas. Pas même la BMW Série 5. Vous n'êtes pas du genre à vous retourner sur son passage, bien sûr... Vous n'êtes pas irrésistiblement attiré par ses profonds sièges en cuir, l'épaisseur de la moquette, la chaleur de son habillage bois. Vous n'éprouvez sans doute, aucune impression particulière en imaginant son confort de conduite, pas le moindre petit frisson à l'idée de la précision de sa boîte automatique, de la souplesse du nouveau système d'admission VANOS. Vous pouvez apercevoir sa ligne pure et élégante sans vous émouvoir le moins du monde. Non, vous n'êtes pas de ceux qui prendraient la route pour ressentir le plaisir de voir défiler les kilomètres confortablement assis dans un silence rassurant. Vous n'avez pas cette faiblesse. C'est donc tout à fait par hasard que vous avez lu en entier ce texte écrit en très petits caractères. Bien sûr. »

Pub pour la bijouterie :

« On veut des preuves d'amour.

Rien ne me va mieux qu'un bijou précieux. »

Le mari qui veut donner des preuves d'amour n'a plus qu'à se ruiner.

« C'EST BON D'AVOIR CONFIANCE » [323] Autrement dit, ce n'est pas bon d'avoir une légitime méfiance dans un fournisseur. Il est coupable d'être prudent.

Pub personnelle.

P. Sollers : « **Vous vous demandez souvent comment interrompre le bruit et la fureur de l'histoire, le bavardage et l'agitation de l'actualité faisant semblant d'être de l'histoire, les drames, les clichés, les calculs, les mensonges, les affaires, la violence.** » [324]

Si, comme moi, vous ne vous êtes pas posé cette question aussi essentielle qu'existentielle depuis au moins quinze jours, vous vous sentez fort coupable et vous mesurez d'un coup toute la distance entre vous et le génie de M. Sollers. C'est évidemment ce à quoi voulait aboutir l'auteur !

Plus grave, cet autre exemple portant sur des articles pour nourrissons. Les parents étant toujours un peu inquiets, il est facile de les culpabiliser.

« **Les spécialistes de la mort subite du nourrisson ne cachent pas leur irritation, sinon leur colère, devant les campagnes de promotion vantant les mérites des matelas anti-apnée censés prévenir de tels accidents. Il ne s'agit pas selon eux, de matériels faibles, pas plus que de matériel médical. ''*La norme européenne affichée veut seulement dire que vous ne risquez pas d'électrocuter votre bébé !* '' déclare le Dr E. Briand. D'autre part, une des entreprises de vente par correspondance a un comportement tout à fait scandaleux, faisant notamment appel à la culpabilité des parents en annonçant : '' *1600 francs, çà peut paraître cher, mais ce n'est rien par rapport à toute la layette que votre enfant ne portera pas !* '' ** » [325]

« **Comment juger nos crimes en Algérie ?** » titre Le Monde, 6-7/5/2001. Ce nous collectif est destiné à culpabiliser l'ensemble des citoyens français et à exonérer les acteurs et les responsables de ces crimes jusqu'aux plus hauts niveaux de l'État. La plupart des français qui étaient opposés à cette « pacification » et à ses horreurs connues de tous n'ont rien à voir avec ce « nous ». Car si tout le monde est coupable, plus personne ne l'est. C'est bien commode.

4° PARTIE   LA FORME

Affirmer

> « L'incertitude et la timidité sont le partage ordinaire de l'érudition vaste et profonde. Les véritables savants ignorent le ton affirmatif. Les demi savants au contraire, débarrassés de tout ce qui tient l'esprit en balance, savent ne douter de rien, tranchent, décident en maîtres, abusent des malheureuses facilités que donne l'insuffisance et pleins de l'orgueil qui la leur cache, s'arrogent le droit que ceux-là n'osent exercer. »
>
> COLLET, *Traité des dispenses.*

Une variété d'arguments consiste à simplement affirmer quelque chose sans s'embarrasser de preuves, de démonstrations ou de justifications. Ce sont de mauvais arguments, mais qui empruntent leur force à une sorte d'évidence. Il n'y a guère à justifier que le cercle est rond.

On s'est moqué de ces affirmations, propres à la réclame, c'est à dire la publicité d'autrefois :

GUÉRISON CERTAINE

des maladies incurables

par la TISANE DES SAPEURS

Nous recevons la lettre suivante :

Monsieur,

Il y a vingt ans, par suite d'une imprudence, je roulais sous un train express. Ma tête et mes membres furent séparés du tronc. Depuis, je souffrais de violentes névralgies et de migraines. Après avoir essayé bien des remèdes, je me décidais à essayer votre

Tisane des sapeurs

Au bout de peu de temps, j'étais complètement guéri.

Névralgies et rhumatismes avaient disparu.

Signé Ch. Boudebois

fumiste à St Césaire des Bois

Mais si actuellement les exagérations sont atténuées, le procédé qui consiste à affirmer sans la moindre démonstration, reste fort utilisé.

L'affirmation simple

Bien des arguments ne sont pas argumentés en ce sens que l'on se contente d'une pure affirmation, sans justification d'aucune sorte.

Saint Thomas d'Aquin : «**Les saints se déplacent d'un seul coup.**» [326] C'est pour l'auteur une évidence qui se dispense de toute vérification.

TOUTE LA VILLE

AUX BARRICADES

Au Quartier Latin, rue de Seine, aux Batignolles

à la Nation, Paris se bats depuis douze heures. [327]

Le sous-titre dément le titre. On se bat précisément en quatre endroits. C'est loin de faire «toute la ville». L'enthousiasme, bien sûr, mais aussi la naissance du mythe de Paris qui se libère lui-même, qui ne sera pas sans incidences politiques.

« **Quelques vérités sur la guerre en Tchétchénie.** » [328] pour introduire un article donnant le point de vue américain sur le sujet. S'il y a des vérités, elles portent sur des rappels géographiques ou historiques, non contestables, qui enrobent de pures et simples opinions.

« **Pour Jérôme Clément, « Loft Story » annonce l'avènement d'un fascisme rampant.** » [329] Titre Le Monde, 15/5/2001. Le PDG d'Arte France, élabore ici une distinction riche de sens et lourde de conséquences théoriques, politiques et pratiques entre la fascisme rampant et le fascisme bondissant, distinction bien dans la manière de cette chaîne de TV, parfois intéressante mais toujours prétentieuse. Pur effet verbal ! le fascisme, le vrai, c'était tout de même autre chose.

« Mr El Hadj

Médium voyant

Paiement après résultat

Spécialiste du retour d'affection et du désenvoûtement.

Puissante action pour les travaux occultes.

Résout tous les problèmes : contre les ennemi(e)s, argent, travail,

fidélité absolue entre époux, mariage, chance,

succès, attraction de clientèle pour vendeurs,

complexe physique et moral, réussite dans tous les domaines,

discrétion assurée. » [330]

Il serait malvenu de demander des preuves d'efficacité. Seule la foi sauve !

La répétition

J. N. Kapferer : « **Depuis les célèbres expériences de Zajonc, on sait que la simple répétition de stimuli n'ayant aucun sens (par exemple, des idéogrammes chinois) les rend plus sympathiques, plus attrayants aux yeux des spectateurs qui ne les connaissaient pas auparavant (ce phénomène est la base du matraquage des disques nouveaux). »**

C'est évidemment la technique préférée de la publicité.

« Cette publicité cherche à frapper plutôt qu'à convaincre, elle mise sur une sorte d'obsession inconsciente, engendrée par la répétition de slogans, d'images chocs. Au lecteur, au passant dépersonnalisés, ravalés au rang d'objet, il ne reste que le choix entre la passivité et la résistance, entre la démission et la fuite. » [331]

J. Chirac : **« Je vous dit que tout ce qui est dans ce pseudo-message est pour moi sans fondement, mensonge, calomnie et, pour tout dire, manipulation.** . Un pseudo-message est évidemment un message faux et donc un mensonge. Un mensonge est évidemment sans fondement, sinon ce serait une demi vérité. La calomnie est évidemment un mensonge, sinon ce serait une médisance. Et la calomnie est évidemment une manipulation, puisqu'elle vise à faire du tort sans se dévoiler. Quatre expressions pour présenter le même argument, alors que l'auteur voulait évidemment donner l'impression de donner quatre arguments, ce qui aurait renforcé sa position. **« Accumulez, accumulez, c'est la loi et les prophètes ! »** disait un auteur qui fut célèbre.

L'affirmation approximative

« Nul ne décrit ce marché de dupes obligeant les 280 millions d'Américains à diminuer leurs rejets de dioxyde de carbone et permettant aux deux milliards de Chinois et d'Indiens d'augmenter les leurs ! » [332] C'est plus qu'approximatif si l'on considère que les américains polluent à peu près dix fois plus pour dix fois moins de population !

Un plasticien : **« Le sang des menstruations est biologiquement très positif, déclare Jan Fabre. Si vous prenez ce sang pour le donner aux fleurs, il est prouvé scientifiquement qu'elles vont s'épanouir avec plus de beauté. »** Il n'est guère possible de « prouver scientifiquement » qu'une chose est plus belle qu'une autre. L'auteur dit n'importe quoi et pour appuyer son dire, se cache derrière la science, comme un enfant : La maîtresse a dit que...

Du même : **« Dans l'Ancien Testament, il est dit qu'on doit boire le sang du Christ pour devenir plus humain, meilleur. »** Les lecteurs auront rectifié d'eux-mêmes. Il s'agit évidemment du Nouveau Testament. Et de toutes façons, la Sainte Cène n'a pas pour but de rendre les humains plus humains.

Du même : « **Je me situe au-delà du trans-humain.**»

Erreurs, approximations, prétentions. Comment s'étonner que le public s'intéresse si peu à l'art contemporain ! [333]

L'affirmation sans preuves

A propos de l'astrologie, Montaigne note : **«A considérer la puissance et la domination que ces corps-là (il s'agit des astres) ont non seulement sur nos vies et conditions de notre fortune, mais sur nos inclinations mêmes qu'ils régissent, poussent et agitent à la merci de leurs influences ; pourquoi les priverons-nous d'âme, de vie, et de discours ?»**

Nicole et Arnaud se moquent de lui et ajoutent : **« Mais si l'on veut juger les choses par leur bon sens, on avouera qu'un flambeau allumé dans la chambre d'un enfant qui accouche, doit avoir plus d'effet sur le corps de cet enfant, que la planète de Saturne, en quelque aspect qu'elle le regarde et avec quelque autre qu'elle soit jointe. »** [334]

« Les règles d'embauche dans les industries naissantes des pays pauvres sont telles que seuls les scolarisés prennent les places rares, parce qu'ils sont les seuls à avoir appris à se taire à l'école.» [335] Voilà qui est vite dit. On trouverait sans peine d'innombrables sociétés où l'on apprend à se taire dans sa famille et où l'on apprend à parler librement à l'école. Mais ce que nous écrivons ici est tout aussi approximatif que l'affirmation tranchante de cet auteur !

M. Serres : **« Romulus et Rémus, jumeaux albains abandonnés, tètent le sein sec de la louve, je dis sein sec, puisque en latin la louve indique la putain, une putain de lupanar. »** [336]

Pourquoi les putains auraient-elles le sein sec ? Et qu'est-ce que le double sens de *lupa* [7] a à voir là dedans ?

« ...c'est la langue française, langue qui tient de la religion par ces trois grands caractères de majesté, de précision, de clarté. C'est par là qu'elle est devenue la langue de la civilisation. La

---

[7] Lŭpa, æ. f. *Liv.* Louve. F. ‖ *Cic.* Prostituée. F. ‖ Nom de la nourrice de Romulus et de son frère. (Boudot)

langue fut faite par le christianisme, comme fut fait l'État. » [337]
L'auteur est jésuite, mais quand même ! Toutes ces affirmations ne sont que des affirmations

L'affirmation sans références

Citer ses sources est le b a, ba de la rigueur intellectuelle. Sinon l'on peut faire dire n'importe quoi à n'importe qui.

« Les meilleurs escargots de Paris. Ce sont les chroniqueurs gastronomiques qui disent qu'on les trouve à la Maison de L'Escargot. » On ne donne évidemment pas les noms de ces chroniqueurs, ni dans quels journaux ils écrivent ces chroniques.

L'affirmation sans information

Années 1900 : **« Il n'est rien de plus attristant que la vue d'un obèse ; assister à la décadence physique d'un homme souvent jeune encore, le voir se laisser gagner peu à peu par l'embonpoint est un spectacle très affligeant.**
Mais lorsqu'il s'agit de la femme, l'impression est plus pénible encore ; chez elle, l'apparition de l'embonpoint marque le départ d'une vieillesse précoce, c'est de l'épaississement des traits de son visage que viendront ses premières rides, c'est de l'augmentation de son tour de taille, du grossissement de ses hanches, du développement exagéré de sa gorge que naîtra cet empâtement général, où vient sombrer toute la grâce onduleuse de ses lignes, tout ce qui fut sa beauté.
Il importe donc de faire connaître à tous et à toutes que le Thé Mexicain du Dr Jawas est le véritable spécifique de l'obésité... »
[338]

Années 1900 :

> **« TUBERCULEUX**
>
> **Anémiques, Neurasthéniques, Diabétiques, Albuminuriques, Coxalgiques, Cardiaques, Hépatiques, Rhumatisants, Malades de l'Estomac, des Reins, des Nerfs, des Bronches ; constipés, Entérites, Vices du sang, Ataxie, Surmenés, Age critique et tous les malades sans exception,** peuvent retrouver **Force, Santé, Joie de vivre**, sans drogues ni médicaments. Merveilleuse découverte d'un prêtre. - Méthode gratis. Laboratoires marins. »** [339]

Contemporain :

Sol
Des
Roche-Bobois
Comment ne pas craquer à ces prix-là ?

Mais la publicité ne donne, évidemment, aucun prix.

La généralisation abusive

« Nous avons tous appris à lire chez Eluard et chez Aragon. Comment tuer nos pères ? Héritiers du surréalisme, comment le condamner ? » [340] Mais non pas tous. En tout cas pas tous ceux qui ont appris à lire après 1935. Dès les procès de Moscou, on pouvait dire d'Aragon : *jam foetet*.

Le contraire est tout aussi vrai

« Jadis les bourreaux imploraient le pardon de leurs victimes. En tuant le corps, ils étaient convaincus de sauver l'âme des condamnés [...] Le bourreaux modernes n'implorent pas le pardon : ils exigent d'être absous et récompensés pour leur sale travail. » [341] A l'époque de l'Inquisition, à laquelle semble se référer l'auteur, bourreaux et victimes, dans un consensus qui nous échappe désormais, étaient convaincus que seule la mort pouvait sauver l'âme. Les bourreaux de l'époque n'imploraient évidemment pas de pardon. Ils ne faisaient que leur devoir ! Ils n'exigeaient pas « d'être absous ou récompensés ». Ils l'étaient, de fait. L'auteur s'est laissé emporter par un parallèle qui sonne bien, mais qui est faux. Quant aux bourreaux modernes, ils exigent de passer pour victimes. **« Dans les procès la défense présente de plus en plus l'accusé comme une victime- de la société, de son enfance, de la presse, qu'importe ! »** [342]

M'sieu, c'est pas moi

Paris ayant compté quelques faux électeurs à l'époque où M. Chirac en était maire, celui-ci se défend : **« [Quand j'étais maire] vous imaginez bien que je n'étais pas en permanence derrière chacun des 520 ou 630 élus parisiens pour m'assurer qu'aucune** irrégularité n'était commise. » [343] Je délègue, vous dis-je !

L'hypocrisie

« **Turbo-compresseur avec inter-cooler,**

différentiel avec glissement limité,

206 Km/h sur circuit fermé [...] » [344]

Le « circuit fermé » est hypocrite. Il s'agit de signaler que vous pouvez en faire autant sur l'autoroute. Quant à l'inter-cooler, tout le monde s'en moque.

Demi vérité et demi mensonge

 « **Les allégations rapportées sont mensongères. Ce procédé qui consiste à faire parler un mort...** » [345] A propos de la cassette enregistrée par M. Méry accusant J. Chirac d'avoir fait en sorte que son parti reçoive des « dons » de la part d'entreprises. Tous les téléspectateurs ont pu voir que c'était M. Méry lui-même, et bien vivant à ce moment, qui portait ces accusations. Faire parler un mort, c'est lui <u>prêter</u> des propos qu'il ne pourra démentir. On ne fait pas parler un mort, lorsqu'il a tenu ces propos étant bien vivant. Il s'agit de disqualifier des propos en faisant croire qu'ils ont une autre nature que celle qu'ils ont réellement. La demi vérité c'est que M. Méry est bien mort. Le demi mensonge, c'est qu'il a parlé en étant bien vivant.

L'information effacée

Explicitons.

« **Le panneau publicitaire près de l'autoroute proclame : « Incroyable, A. Dumas vend Renault moins cher.» Sur une petite route tranquille « œufs extra-frais». Ces panneaux sont monnaie courante et nous parlent le langage de tous les jours. Dumas ne nous dit pas ce qu'il entend par « vend moins cher». Ni par rapport à qui. Est-ce valable pour tous les modèles ou seulement pour quelques uns ? Certains jours ou toute la semaine ? L'analyse montre que son panneau ne veut pas dire grand chose mais le dit bien. Les gens se laissent prendre sans cesse à ce piège verbal. De la même manière, « Œufs extra-frais» n'a rien à voir avec « Œufs pondus ce jour, dimanche 18 janvier 1988 à 14 heures».** Dans ce manuel pour vendeurs , l'auteur ne cache pas que ce genre de manipulation est bien commode. Il donne à ce genre de phrase le nom d'effaceurs mentaux. **« Ce sont des mots ordinaires qui donnent l'impression d'être précis et efficaces. Mais un examen approfondi montre qu'il n'en est rien. Ce sont des imposteurs, des illusions. Ce qui explique pourquoi ils agissent si bien sur l'esprit de l'auditeur. Ils permettent au client de donner à ce qu'il entend un sens personnel et de l'entendre à sa façon.»** [346]

L'auteur donne ensuite quelques exemples de mots effaceurs et d'informations effacées :

Mots effaceurs	Information effacée
clairement, certainement	clair pour qui ?
le plus rapide, le plus lent	comparé à quoi ?
le plus joli, le plus efficace	pourquoi plus ou le plus ?

Il ajoute naïvement ou cyniquement : **« Il est clair que le bien écrire et le bien vendre sont deux langages différents, pas autant que l'italien et l'allemand, mais dissemblables quand même. Avec un peu de bonne volonté, même un ex-normalien peut faire un bon vendeur. Il n'y a pas de cas désespéré. »** Rassurons le, les normaliens sont d'excellents vendeurs, mais ils vendent autre chose que ce à quoi l'auteur de cet ouvrage est habitué.

Ironiser

> *« Livrer [...] le bon combat contre les pontifes, les croque-morts, les coupeurs de cheveux en huit, les efflanqués, les égoutiers, les soi-disant réalistes, les soi-disant psychologues, en un mot, les brutaux comme les prétentieux et toutes autres bêtes assommantes et malfaisantes. »*
>
> LE RIRE, 10/11/1894. [347]

Ironiser, c'est essentiellement tenter de disqualifier l'adversaire, mais sans prendre le risque de l'attaquer frontalement. Généralement, on fait l'économie de véritables arguments. Si l'on est d'accord avec les idées de l'auteur, on trouve cela amusant. Si l'on est en désaccord, on trouve cela fort agaçant. En général, cela ne convainc que les convaincus. Mais cela fait plaisir à l'auteur.

Swift : **« Mais un autre motif me retenait d'offrir à Sa Majesté mes découvertes pour agrandir ses domaines : à dire vrai, j'avais conçu quelques scrupules sur la façon qu'ont les princes de pratiquer, à cette occasion, la justice distributive. Par exemple : un navire pirate est poussé par la tempête sans savoir où il va; à la fin, un mousse grimpé sur le mât de vigie découvre une terre; les hommes débarquent, attirés par le pillage. Ils voient un peuple inoffensif qui les reçoit avec bonté : ils donnent au pays un nouveau nom, en prennent officiellement possession, au nom du roi; dressent sur le sol une planche pourrie ou une pierre en mémoire du fait; assassinent deux ou trois douzaines d'indigènes, et en emmènent une paire comme échantillon; puis ils retournent dans leur pays et obtiennent leur pardon. Voilà l'origine d'une nouvelle annexion, faite légitimement selon le "Droit divin". A la première occasion, on envoie des navires; les indigènes sont déportés ou exterminés, leurs princes torturés, jusqu'à ce qu'ils révèlent où est caché leur or; pleine licence est donnée à tous les actes de cruauté et de luxure; la terre donne du sang de ses habitants, et cette odieuse troupe de bouchers, employée à une si pieuse entreprise, c'est une expédition coloniale moderne envoyée pour convertir et civiliser un peuple idolâtre et barbare.**

Mais cette description, je l'avoue, ne s'applique en aucune manière à la nation britannique, qui peut servir d'exemple au monde entier, pour la sagesse, la prudence, et la justice qu'elle montre en fondant ses colonies, pour la générosité avec laquelle elle y développe la religion et la culture; pour l'heureux choix qu'elle fait de pasteurs pieux et compétents chargés d'y propager le christianisme; pour le souci qu'elle a de n'envoyer dans les nouvelles provinces que des sujets de la mère patrie vivant dignement et connus comme tels; pour les grands scrupules qu'elle a en matière de justice, ne nommant aux postes administratifs, dans toutes ses colonies, que des fonctionnaires de la plus haute compétence, entièrement étrangers à la corruption; et, comme couronne à ce bel édifice, pour sa façon d'envoyer toujours les gouverneurs les plus consciencieux et les plus

vertueux, qui n'ont pas d'autre but que le bonheur des populations qu'ils régentent et l'honneur du roi, leur maître. » [348]

Voltaire : « Les mœurs dégénèrent, la mollesse s'insinue, on s'en aperçoit tous les jours. Je ne vois plus de ces persécutions vigoureuses, si agréables au Seigneur; il n'y a plus de religion ! » [349]

P.L. Courrier : « Vous nous plaignez beaucoup, nous autres paysans, et vous avez raison, en ce sens que notre sort pourrait être meilleur. Nous dépendons d'un maire et d'un garde champêtre qui se fâchent aisément. L'amende et la prison ne sont pas des bagatelles. Mais songez donc, Monsieur, qu'autrefois on nous tuait pour cinq sous parisis. C'était la loi. Tous noble ayant tué un vilain devait jeter cinq sous sur la fosse du mort. Mais les lois libérales ne s'exécutent guère, et la plupart du temps, on nous tuait pour rien. Maintenant, il en coûte à un maire sept sous et demi de papier marqué pour seulement mettre en prison l'homme qui travaille. [...] Vous paraît-il, Monsieur, que nous avons peu gagné en cinq ou six cent ans ? Nous étions la gent corvéable, taillable et tuable à volonté ; nous ne sommes plus qu'incarcérables. Est-ce assez, direz-vous ? Patience ; laissez faire ; encore cinq ou six siècles et nous parlerons au maire tout comme je vous parle ; [...] On tient assez généralement que les paysans sont des hommes. De là à les traiter comme tels, il y a loin encore. Il se passera longtemps avant qu'on s'accoutume dans la plupart de nos provinces, à voir un paysan vêtu, semer et recueillir pour lui ; à voir un homme de bien posséder quelque chose. Ces nouveautés choquent furieusement les propriétaires ; j'entends ceux qui pour le devenir n'ont eu que la peine de naître. » [350]

H. Rolle : «Nous voici aux véritables charlatans. D'abord, les homéopathes. Tu ne connais pas, Jérôme, la médecine atomistique, la médecine des semblables. Se mettre nu pour se garder du froid, se couvrir de fourrures contre la chaleur, se jeter au feu pour guérir les brûlures ; c'est comme tu le vois, le procédé de Gribouille élevé à la hauteur d'une théorie. Un homme a la fièvre : le remède est indiqué ; il faut lui administrer ce qui la lui donnerait s'il ne l'avait pas. *Similia similibus*. Mais comment administrer la drogue ? voilà où est la découverte. Les onces, les gros, ancien style ; les décagrammes, nouveau style, sont supprimés : il n'y a plus que des millionièmes. Tous médicament se dose par millionièmes : moins il y en a, plus il agit, d'après la logique de tout à l'heure. Qu'en résulte-t-il ? Un avantage immense, celui de concentrer la nature entière dans une boîte portative, de favoriser le cumul de la médecine et de la pharmacie, du remède et du conseil, de la potion et de l'ordonnance. Que les paralytiques marchent, que les sourds entendent, et que les pulmoniques respirent ; avec un simple atome, tous ces miracles vont s'opérer. Seulement, il importe que l'atome soit spécifique, parfaitement préparé, consciencieusement pesé, et pour cela il faut qu'il sorte de la boîte du docteur. Coût, quinze francs l'atome, cinq francs la visite. Total, vingt francs. Lâchez le napoléon et le tour est fait. Vous êtes guéri par la méthode des semblables, et vous rendez heureux l'un de vos semblables. On peut en mourir, mais le docteur en vit. C'est le but de l'institution.» [351]

Le Canard Enchaîné : « **Les agriculteurs se trouvent, de leur côté, très angoissés devant la taxe de 2 %. En effet, ils n'en sont tributaires que s'ils gagnent 2000 F par an. Or si l'on en croit les statistiques - et il n'y a aucune raison de ne pas leur faire confiance -, sauf de très rares exceptions, il n'existe pas d'agriculteurs qui gagnent plus de 2000 F par an. Il serait inhumain de prélever 2 % sur une somme aussi modique, si on songe surtout qu'en gagnant moins de 200 F par mois, certains par un prodige vraiment miraculeux, arrivent à élever une famille nombreuse, acheter des terres et même souvent des autos.** » [352]

Le même : « **D'autres mystères méritent d'être dévoilés, comme par exemple celui du changement de linge dominical. Pourquoi le Français moyen prend-il, chaque dimanche, des chaussettes propres et une chemise également propre ? Cela semble étrange, a priori, et pourtant c'est simple comme une équation algébrique. Le Français moyen change de linge le dimanche par pure hygiène et pas pour d'autres raisons. Essayez un peu de ne pas changer de chaussettes le dimanche et vous verrez la tête que feront vos pieds dans la nuit du mercredi à jeudi. Il ne s'agit donc pas d'une coutume traditionnelle mais d'une nécessité** actuelle qui vaut bien celle de la lampe à pétrole des locomotives traditionnelles. De même, dans un autre ordre d'idées, il est indéniable que les fumeurs même les plus enragés ne fument leur cigarette que par un seul bout et non par les deux bouts à la fois. Pourquoi ? Parce qu'en fumant les deux bouts à la fois, d'abord on y arriverait pas et on se brûlerait les lèvres. Et puis quoiqu'en puissent dire les mauvais esprits, chaque bout de la cigarette a dans l'activité sociale, un rôle bien défini. Nous manquons de place cette semaine, au Canard, et c'est dommage, car nous aurions pu vous parler par la même occasion, de l'usage du sifflet à roulettes dans les gares de chemin de fer, de la question de l'ouvre-boîtes dans les pique-niques banlieusards et de celle de la pomme d'arrosoir [...] » [353]

L'auteur se moque de ses confrères journalistes qui prennent le ton le plus sérieux du monde pour écrire des banalités destinées à remplir des pages durant le grand vide de la semaine du 15 août. Mais peu de gens protestent.

«Le président américain a finalement été très affecté par les nouvelles venues du Kurdistan irakien, au point qu'il a du s'extraire d'une très délicate partie de golf pour exprimer l'ampleur de son désarroi. » [354]

Frossard : «En tout cas, il pense, il parle (il lui arrive même, tant il a l'élocution facile, de parler avant de penser), il écrit, intervient, disserte, explique, chapitre, morigène, ratifie ; conteste, rejette, adopte, annonce, prédit et prévoit, toutes choses enfin, dont les Académiciens sont totalement incapables depuis 1635.» [355]A propos d'un journaliste qui avait écrit que l'Académie française ne servait à rien.

L'ironie à double entente

« [Mai 68] signale les infâmes qui ont décidément tous les défauts : totalitaires, terroristes, débauchés, illuminés, drogués, pédophiles, acharnés à détruire, par tous les moyens, la famille, le travail, l'État, la patrie, la propriété, le peuple, la bourgeoisie, la langue nationale, la simple morale.[...] Le tatoué 68 est un déserteur civique, un avorteur, un contracepteur, un homosexuel non domestiqué, un hétérosexuel non catalogué, un corrupteur de jeunesse, un séducteur de jeunes filles en fleurs, un raciste

anti-raciste, un fasciste larvé, un nihiliste ressuscité - bref le diable en personne. » [356]

Il s'agit d'un vieux procédé rhétorique qui consiste à accumuler tellement de qualités ou de défauts que cet excès prend une signification contraire. Ici on ironise non sur les anciens de mai 68 mais sur leurs contempteurs. Mais le procédé sent l'artifice, en partie parce que l'énumération accumule des poncifs et manque d'humour.

Discréditer l'adversaire ou ses positions

Il s'agit le plus souvent d'une dépréciation indirecte en utilisant essentiellement des adjectifs qui ont une connotation négative, mais on peut aller jusqu'à l'injure.

Dénigrer

En 1944 : **« Ce baron de Trenck n'était qu'un sot. D'ailleurs, il était allemand... »** [357]

.A propos de violences dans les territoires palestiniens occupés par Israël. **« La campagne médiatique et pernicieuse tendant à faire croire que la paix est conditionnée par des discussions sur Jérusalem. »** Il est vrai que filmer un enfant en train de se faire tuer est à la fois médiatique et pernicieux [358]

Intellectuels se battant à propos de mai 68 : **« Seulement, vous étiez déjà vieux à 20 ans, monsieur Tillinac, et vous n'avez pas su rajeunir. »** [359]

Le texte suivant est extrait d'un article sur les soubresauts de la chute du régime communiste en Roumanie. Seuls les spécialistes se souviennent des détails et nous n'y reviendrons pas. A un moment, cependant les ouvriers mineurs viennent dans la capitale et il s'ensuit des scènes de violence. Pour déprécier l'adversaire, les mineurs en l'occurrence, l'auteur écrit : « **les milliers de mineurs du Jiu, isolés, abrutis par un travail épuisant et dangereux, et par l'alcool.** » Il n'y a pas à discuter la position politique d'alcooliques et donc d'ouvriers.

« Selon M. Ouattara, les manifestants qui ont protesté vendredi mati à Abidjan contre ''l'ingérence'' de Paris dans la politique ivoirienne étaient ''manipulés ''. ''Ce sont des démunis et des chômeurs. '' » [360] M. Ouattara, ivoirien à la nationalité contestée, voulait se présenter aux élections présidentielles ivoiriennes, contre l'opinion de la majorité des ivoiriens mais avec le soutien de la France. Dans un pays qui doit compter 20 à 30 % de chômeurs, les chômeurs ne sont donc pas en droit de manifester !

« Le vrai vainqueur de ces élections truquées est évidemment celui qui n'y a pas participé, faute d'y avoir été invité.... Alassane Ouattara incarne aujourd'hui l'avenir de la Côte d'Ivoire, à la fois celui de la démocratie et de l'économie. Il faut que les enseignants ministres reprennent le chemin des salles de classe et les généraux celui des casernes. » [361] Le général de Gaulle avait déjà déprécié les « chers professeurs ». Mettre sur le même plan des enseignants élus et des militaires putschistes est assez étonnant. Quant à M. Ouattara, ayant été Premier ministre sous la présidence de M. Houphouët-Boigny, il incarne non le futur mais un passé abhorré de concussion, de népotisme et d'enrichissement illégal. [8]

« Le livre de T. Maricourt porte principalement sur le discours « révisionniste» tel qu'il a pris corps dans les années 80 autour de quelques esprits pervers occupant parfois des positions universitaires, relayées par des groupes de marginaux et de déclassés [...]. » [362] Si les révisionnistes ont tort, qu'on le démontre. Si ce sont des salauds, qu'on le dise ! Le fait, s'il est réel, que des individus soient marginaux ou déclassés (!) n'affecte en rien leurs idées.

« Le 18° siècle a su faire son profit de cette distinction subtile, selon laquelle une chose peut être vraie pour la foi et fausse pour la raison. »[363] «Subtile » est, ici, une façon subtile de dire que cette distinction est fausse.

«Mais ce sont les prophètes de malheur et les professionnels de l'anti-américanisme primaire ou rampant qui, surtout, se sont trompés.» [364] Primaire à beaucoup servi : anticommunisme primaire.

---

[8] « Ne reconnaissant de droits que les vôtres, ni de lois que celles que vous imposez, loin de vous faire un devoir d'être justes, vous ne vous croyez pas même obligés d'être humains. (...) Les uns décrètent et brûlent, les autres diffament et déshonorent, sans droit, sans raison, sans mépris, même sans colère, uniquement parce que cela les arrange et que l'infortuné se trouve sur leur chemin. » J.J. Rousseau, Lettre à Mgr de Beaumont.

Rampant est mieux, quoique tout aussi dépourvu de sens !

«C'est ainsi que , sans croire de son devoir d'entretenir «l'humiliation arabe», formule rituelle élevée au statut de mythe intemporel [...] » [365] Qualifier le mythe d'intemporel est une tautologie. Par définition, le mythe c'est ce qui s'est passé «in illo tempore», [366] mais qui continue à être la référence de la vie quotidienne. L'auteur n'est pas si inculte qu'elle ne le sache, mais intemporel est dévalorisant comme flou, inactuel...

«Il n'a pas non plus relancé l'incantatoire slogan de « conférence internationale pour la paix au Proche Orient «, naguère emprunté à une vieille rhétorique soviétique. » [367] Tous les mots sont dévalorisants : incantatoire, slogan, vieille, rhétorique et évidemment soviétique (surtout sous la plume d'anciens staliniens).

«Les sempiternels donneurs de leçon et professionnels de la rubrique droits de l'homme, qui n'ont jamais eu l'occasion de constater les effets déstabilisants sur un cours préparatoire de l'introduction en cours d'année de primo-arrivants de treize, quatorze ou quinze ans.» [368] Il s'agissait de montrer les effets pervers de l'immigration. Primo-arrivants est intéressant, car le préfixe primo n'est guère utilisé que dans primo-infection. Primo-arrivants renvoie donc à quelque chose de pathologique.

Contexte : M. Bourdieu, sociologue, professeur au Collège de France, publie un article dont le contenu est contesté par certains. M. Mauger [369] prend sa défense Sur le plan de la forme, l'auteur prend le prétexte de devoir répondre à d'innombrables détracteurs, pour calquer la structure de son article sur ces publicités télévisées aux plans aussi nombreux que rapides qui jouent sur la contamination.

L'objectif de l'article est simple. Il s'agit de jeter le doute, l'opprobre, le mépris non point sur les arguments utilisés par tel ou tel mais bien sur leur personnalité, leur intégrité, leur intelligence, leur capacité à saisir la profondeur de la pensée abyssale de P. Bourdieu et même leur notoriété. Sans vouloir être exhaustif, en voici l'essentiel : **«herméneute perspicace»** , **«provincial «in»,»**, **« procureur bienveillant»**, **« esprit fort »**, **«spécialiste méconnu»**, **«morgue mondaine»**, **«paranoïa»**, **«ressentiment mesquin»**, **«haine bien pensante»**, **«parfaite ignorance»**, **«déformation cynique»**, **«autisme»**, **«groupuscules d'antan»**, **«croyance obtuse»**, «conception scolastique», «exégèse pour initiés», «arrogance», «falsification», «expert en fraudes staliniennes». Vis à vis d'un public séreux, l'auteur se déconsidère beaucoup plus qu'il ne déconsidère ses adversaires. Et de plus il déconsidère les postions et l'œuvre de M. Bourdieu, qui déjà...

Dans d'autres cas on joue essentiellement sur l'allitération : **« De la droite hagarde à la gauche ringarde.. » « La métamorphose de quelques hobereaux en maquereaux... »** [370]

Sous le titre : **« Une pseudo-théologie du châtiment »,** (pseudo [9]) un rabbin conteste d'autres rabbins qui eux pensent que le génocide juif fut une punition des péchés de ce peuple. Sans entrer dans une discussion qui dépasse nos compétences, on peut faire remarquer qu'il n'y a pas de pseudo-théologie dans la pensée juive puisqu'il n'y a pas de pape infaillible pour dire le vrai et le faux. Les opinions valent ce que vaut l'autorité de celui qui les profère, et l'on peut discuter à l'infini et on ne s'en prive pas. L'opinion discutée peut être scandaleuse, monstrueuse, dangereuse, elle ne peut être fausse. La qualifier ainsi tente de la disqualifier radicalement : on ne discute pas si deux et deux font cinq. [371]

Insinuer

Le PDG de Total **« a admis que les performances d'Elf étaient aussi bonnes que celles de Total. Je m'en félicite, car cela correspond à la réalité des chiffres. Cela rend hommage au travail effectué depuis cinq ans chez Elf. Pour ma part, je reconnais la valeur du travail fait en dix ans chez Total pour redresser une situation loin d'être excellente. »** [372] Il est en fait délicatement suggéré qu'il a fallu deux fois plus de temps à l'adversaire pour mettre de l'ordre dans sa maison.

«La dérive de SOS-Racisme». [373]On peut être en désaccord avec les positions de cette organisation. Mais faire état de ce désaccord suppose que l'autre a des positions discutables certes, mais que

---

[9] Pseudo veut dire faux. Comme dans pseudadelphus, faux-frère ; pseudapostolus, faux-apôtre ; pseudographia , faux calcul , pseudologia, menterie. Dictionarium unversale latino-gallicum, auctore J. Boudot, Parisiis apud Thomine.

justement il faudrait discuter. Il est plus facile de laisser entendre que cette organisation, puisqu'elle dérive, n'a ni pilote ni gouvernail et qu'elle est ballottée au gré d'événements qu'elle subit et va vers le naufrage, alors que soi...

« Il a des hommes qu'il ne vaut mieux pas contrarier. Le nom de sa holding, Artémis, suffit à le faire comprendre : la déesse faisait tuer les hommes qui la voyaient sans voiles. » A propos de F. Pinault (Pinault, le Printemps, la Redoute, la Finaref, Christie's, etc. Mais il faudrait actualiser cette liste tous les ans..).

« [R. Denaud de Saint Marc [374]] y dénonce la « gesticulation législative » des pouvoirs publics, regrettant que le loi soit « bavarde, précaire et banalisée », alors qu'elle devrait être « solennelle, brève et permanente ». Pire, ajoute-t-il, on l'utilise comme un moyen d'action politique. » [375] La loi est votée par des députés élus par le peuple. Mêler le peuple aux choses sérieuses n'est assurément pas très sérieux !

« Que faut-il dire des conditions dans lesquelles des collègues économistes ont accordé il y a plus de vingt ans le titre de docteur à un Ivoirien devenu par la suite président de la République (et accepté ultérieurement de publier ce travail) ? » L'auteur est sociologue et on se demande quelle autorité il peut avoir pour dénoncer les pratiques de ses collègues économistes. D'autre part la personne incriminée, bien que non nommée, est aisément identifiable. Une des caractéristiques de cette personne est d'ailleurs son honnêteté (pour l'instant !) qui exaspère ses adversaires car enfin , si les responsables africains deviennent honnêtes, où allons-nous ? Il s'agit donc de jeter le doute, de n'importe quelle façon, sur son intégrité. Même une querelle de sociologues peut y servir. Par ailleurs, on parlait autrefois de postulants devenus psychanalystes à titre thérapeutique. Toute personne ayant dirigé des thèses ou de simples mémoires sait que certaines soutenances récompensent plus de la constance, de la persévérance, pour tout dire du mérite, que des résultats. Honni soit qui mal y pense.

Injurier

> *« Pourquoi faut-il, dans ce pays, que les prétendus champions du débat intellectuel se*

> *changent en procureurs écumants et utilisent*
> *les mots comme des armes meurtrières ? »*
>
> C. Lanzmann [376]

1871.

République Française

AVIS

Habitants de Montmartre

Les lueurs sinistres de Paris incendié par des pillards

crapuleux, qui osaient vous parler de fraternité

et vous promettaient de régénérer la France,

vous font comprendre ce qu'ils auraient fait

s'ils n'avaient pas été écrasés comme des vipères immondes.

Le lieutenant colonel Cdt la place **PERRIER**

mai 1871. [377]

1914.

«Ce Guillaume [l'empereur d'Allemagne] qui n'avait rien conquis et dont tout le rôle fut, bateleur aux cent costumes de parader aux Sedantag, nous lui avions fait crédit. Impénétrable, arrogant visage avec ses yeux fixes et ses moustaches cirées [...] Le masque est tombé. Sous le matamore, le prédicant, le dilettante, l'impérial Tartuffe se montre à nu. Ce que cette face révèle, c'est l'émoi d'un dégénéré qu'une tare héréditaire amoindrit. [...] Alors, pantin sinistre, dont d'autres fous tirent les ficelles... » [378] Cela continue sur toute une colonne.

1934.

Sous le titre : APRÈS LES VOLEURS, LES ASSASSINS, L. Daudet écrit, au lendemain du 6 février 1934 : **« Comme il fallait s'y attendre, le sang des parisiens honnêtes a largement coulé. Un gouvernement de crapules innommables, que préside le misérable Daladier, aidé d'un effroyable bandit, le sieur Frot,**

Ministre de l'intérieur, assisté de l'amant de la fille Arlette Simon, mariée à l'escroquissime Stavisky [...] Un pareil gouvernement de filles et de gredins a fait tirer sur le peuple de Paris, tire à mitrailleuse, sauvagement. [...] Paul Boncour est un miroir à filles, une raclure de cabaret. »[379] Cela continue sur deux colonnes...

1936.

« Restent les cohortes de femmes et d'enfants. Nombreuses doivent être, dans ce pitoyable exode, les malheureuses égarées par la mensongère propagande des rouges. Mais comment y déceler les mégères, dignes survivantes de nos «tricoteuses» ; toutes celles dont les exploits - notamment au début de la révolution espagnole - ont fait frémir d'épouvante le monde civilisé, et que poursuit la hantise de la justice ? »[380]

Signalons tout de même qu'il n'y eut pas de révolution espagnole, mais un coup d'état militaire contre un régime démocratiquement élu. C'est à dire l'inverse !

Contemporain.

A propos du journal télévisé de 13 heures de TF1, présenté depuis une dizaine d'années par M. Pernaut. « Ceux qui estiment que le public de Pernaut est composé de sept millions d'abrutis ne sont que des idiots prétentieux. »[381]

Mettre en page

On sait que certains schémas ou certaines cartes sont beaucoup plus démonstratifs que de longues explications. Voici par exemple comment un auteur du XVI° s. « montre » la rotondité de la terre.[10]

---

[10] Mitzald, Cosmographia.

Ce caractère démonstratif peut être utilisé pour faire passer un message, qui, sans être faux, n'est pas plus vrai qu'un autre. Voici, par exemple, une représentation des organes de la résistance français après la défaite de 1940. La représentation utilisée met de Gaulle à l'origine et au sommet de cette résistance.

En voici une représentation clarifiée.

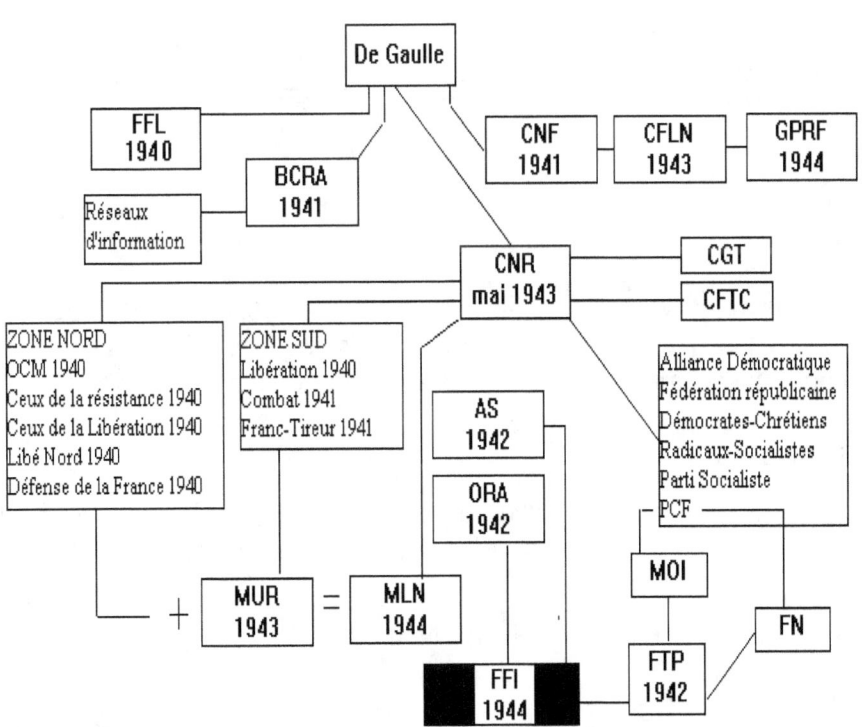

Cette représentation n'est pas fausse. Elle est simplement orientée. On peut donner d'autres représentations en utilisant les mêmes données, mais en les disposant autrement.

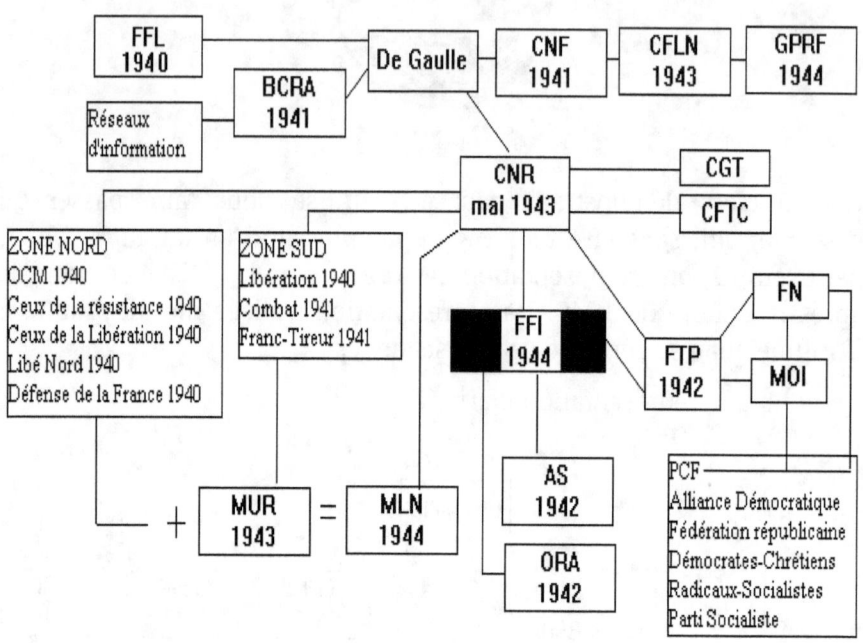

Dans la représentation ci-dessus, de Gaulle n'est plus qu'une des sources parmi d'autres. Surtout, la résistance de l'intérieur est au centre du schéma, ce qui n'est pas sans implications politiques.

Jargonner

> « Avant d'envoyer le peuple à l'école, allez-y vous même ! Classes éclairées, éclairez-vous ! »
>
> Chateaubriand. [382]

Nous avons tenu pour jargon ou charabia toute obscurité qui ne nous est pas apparue comme tenant à la complexité du sujet traité. Et nous avons tenu ce charabia pour argument discutable sinon détestable.

Cependant l'obscurité d'un texte peut tenir à plusieurs raisons. La première est un manque de culture du lecteur, incapable de comprendre les implications du texte. Cela est évident dans les domaines où l'on n'est pas compétent.

Soit le texte suivant : « **Première remarque adressée à M. Picard pour qui 'Loft story' fait passer Philip K. Dick pour du Enyd Blyton (alors que c'est exactement le contraire), soit il cite l'auteur sans l'avoir jamais lu, se croyant branché alors qu'il est totalement déconnecté du sujet, soit pire, il l'a lu mais malheureusement mal, car la dimension cauchemardesque et paranoïaque du grand maître est d'une autre trempe que les états d'âme nombrilistes de cette caricature de jeunesse. »** C. Provent , Courrier des lecteurs, Le Monde TV, 21/5/2001.

L'auteur est un peu agaçant car il le prend de haut et nous aurions aimé l'épingler. Malheureusement nous ignorons jusqu'à l'existence des auteurs cités, dont nous ne sommes même pas sûrs qu'il ne soient pas musiciens, les variétés formant l'essentiel de la culture contemporaine. Nous ignorons aussi si la connaissance de ces auteurs fait partie du bagage culturel indispensable à toute personne se mêlant d'écrire. Aussi sommes nous réduits au silence.

Nous l'avons été à plusieurs reprises, car il est de plus en plus difficile, pour un « honnête homme » de comprendre tous les articles d'un quotidien. Le vocabulaire utilisé va de termes juridiques archaïques et volontairement obscurs au patois des drogués américains qui forme l'essentiel du vocabulaire musical. Chaque domaine devient de plus en plus technique. Et chacun s'efforce de le rendre encore plus obscur pour marquer son territoire et affirmer sa supériorité.

Nous avons donc parfois pris le risque de critiquer des arguments qui nous ont paru discutables, alors que notre seule ignorance était peut-être en cause.

Une autre cause d'obscurité est la volonté de l'auteur de l'être pour diverses raisons qui vont de la prudence politique ou religieuse à la volonté d'offrir un texte poétique où chacun peut projeter son affectivité.

Parfois le caractère volontairement littéraire du texte le rend difficile au premier abord. **« N'aurait-il pas été préférable d'oublier la**

priapique préemption du monde comme une vaine et enfantine infatuation. » Le journaliste qui cite ce texte de C. Breillat se moque de son obscurité On peut certes préférer moins pompeux ou moins prétentieux. . Mais une seule seconde lecture donne aisément du sens. [383]

Il y a aussi le manque de clarté de l'auteur dont la pensée confuse donne un texte confus. Enfin et surtout, la volonté de passer pour un auteur d'autant plus profond qu'il sera sibyllin.

C'est dire que dans certains cas il y aura désaccord, les uns pouvant trouver du sens, peut-être éloigné de celui supposé par l 'auteur, à un texte où d'autres ne verront que confusion ou volonté d'impressionner. Bien que nous ayons voulu être prudent, on pourra donc réfuter certains de nos choix.

En français

Un certain accent, une certaine grammaire, un vocabulaire particulier sont un moyen, voulu ou non, de signer son appartenance à un groupe social, mais aussi d'exclure les autres, malhabiles à les utiliser ou même les comprendre. Le vocabulaire des Précieuses ridicules ou le style Normale Sup., les argots professionnels, le verlan, servent ainsi à une différenciation sociale.

Beaucoup de métiers ont un vocabulaire plus étendu et plus précis que celui qu'utilise M. Tout le monde. Sa maîtrise indique une connaissance supérieure à celle de l'amateur. Elle tend aussi à exclure cet amateur. C'est ainsi que le vocabulaire médical est à la foi savant et volontairement obscur et pas uniquement pour des raisons de confidentialité.

La science elle-même utilise un vocabulaire particulier, univoque, conceptualisé. Son utilisation signe, elle aussi, une compétence particulière et l'appartenance à un corps social.

Ces énonciations peuvent évidemment être détachées de toute connaissance vraie et la maîtrise simulée du seul vocabulaire peut être utilisée, comme les plumes du paon, pour feindre cette connaissance et impressionner ceux qui ne la possèdent pas.

Par ailleurs, bien des individus estiment leur technique inférieure à d'autres. Les professionnels des sciences humaines courent désespérément après une scientificité qui leur échappe et aimeraient se parer des atours des sciences « vraies ». Le monde du spectacle court après l'obscure profondeur des sciences humaines et ne décrit ses œuvres que dans un vocabulaire emprunté.

Les sciences utilisent pour décrire certains phénomènes des vocables qui prêtent à confusion auprès des publics non spécialisés. Les logiques floues n'ont rien de « flou » et les attracteurs étranges rien « d'étrange » au sens courant du terme. Et lorsque le vocabulaire scientifique est emprunté, il est souvent détourné de son sens véritable.

Enfin, les sciences, « la science », bénéficient d'un prestige à la mesure des réalisations qu'elle permet et de la transformation du monde qu'elle implique.

Et certains individus ont parfaitement compris qu'une stratégie de carrière bien comprise consistait à faire justement carrière dans un champ autre que celui de leur discipline de façon à y bénéficier d'un effet d'originalité et de difficulté de comparaison.

Tout ceci explique que l'utilisation d'un jargon plus ou moins adapté est une des constantes des marketings d'objets ou de personnes. Et cela depuis l'antiquité !

Une illustration en a été donnée récemment par A. Sokal, un physicien américain, diplômé de Harvard et Princeton, chercheur en physique théorique à l'université de New York, qui publie dans la revue *Social Text* un article intitulé : **«Transgression des limites: vers une herméneutique transformative de la gravité quantique»**. *Social Text* est une petite revue intellectuelle de gauche, publiée par l'université de Duke (Caroline du Nord). **« ...L'article, est aussi fumeux que rasoir. Un collage hallucinant de centaines de citations. Féminisme, post-modernisme, déconstructionnisme: tout ce qui se fait de plus chic dans la critique américaine est représenté** [11] **et relié par un galimatias pompeux qui dit en substance:** *" La réalité n'existe pas, la science moderne le prouve et la gravité quantique a de profondes implications politiques, bien*

---

[11] Dans cette anthologie du galimatias, les français sont évidemment sur-représentés. Au fil des lignes : Althusser, Deleuze, Derrida, Irigaray, Lacan, Lyotard, Morin, Serres, etc.

entendu progressistes".» [384] L'auteur présente très sérieusement son sujet, mais il avouera quelques mois après qu'il s'agit d'un canular, autrement dit qu'il a voulu montrer qu'une revue sérieuse peut publier n'importe quoi du moment qu'on s'adresse à un public aussi ignorant que prétentieux, que les apparences scientifiques sont sauves [12] et qu'il s'agit d'un sujet en phase avec la dernière mode. **« Les parties les plus comiques je ne les ai pas écrites moi-même, puisque ce sont des citations directes des Maîtres (que je flatte sans vergogne). »** [385]

La position de l'auteur, développée dans un ouvrage ultérieur est la suivante : **« Nous montrons que des intellectuels célèbres tels que Lacan, Kristeva, Irigaray, Baudrillard et Deleuze ont, de façon répétée, usé de façon abusive de terminologie et de concepts scientifiques: soit en utilisant des idées scientifiques totalement hors de leur contexte, sans donner la moindre justification empirique ou conceptuelle à cette démarche [...] ou en jetant des mots savants à la tête des lecteurs non scientifiques sans égard pour leur pertinence ou même leur sens. »** [386]

Ou encore : **« De la même façon, nous voyons mal l'utilité qu'il peut y avoir à invoquer, même métaphoriquement, des notions scientifiques qu'on maîtrise très mal à l'intention d'un public non spécialisé. Pourrait-il s'agir plutôt de faire passer pour profonde une affirmation philosophique ou sociologique banale en l'habillant d'une terminologie savante ? »** [387]

Ce procédé n'a rien de nouveau et a été maintes fois dénoncé :

Vers 300 av. J.C., Lucien : **« Après cela mettez-vous bien en tête quinze ou vingt mots attiques que vous aurez bien soin d'avoir souvent à la bouche, et dont vous assaisonnerez tous vos discours (...) Parlez un langage inusité, étranger, inconnu même aux Anciens, pourvu que vous mêliez dans le discours les mots en question, vous serez considéré, admiré du vulgaire, comme un homme dont les connaissances sont au dessus de sa portée. »** [388]

Cyrano de Bergerac : **« - ... si, dis-je, l'amère douceur et la douce amertume, le poison médicinal et la médecine empoisonnée, qui partent sans sortir de vous, ô monstre indéfectueux,**

---

[12] Les notes et l'appareil bibliographique occupent les ¾ du texte.

n'embrasaient mon esprit en le glaçant, et n'y faisaient tantôt vivre, tantôt mourir, un immortel petit géant (j'appelle ainsi les flammes visibles, dont le plus grand et le plus petit des dieux m'échauffe et me fait trembler) ; ou si ces aveugles clairvoyants (je veux dire vos yeux, belle tigresse, ces innocents coupables) se publiant, sans dire mot, amis ennemis de l'escale liberté des hommes, n'avaient contraint volontairement mon génie dans la libre prison de votre sorcière beauté.

- Comment appelez-vous cette figure-là ?

- **Nos ancêtres jadis la baptisèrent *antithèse*.**

- **Et moi,... je lui change son nom et lui donne celui de *galimatias*. »** [389]

Arnaud et Nicole : « **... il n'y a guère de plus mauvais caractère d'esprit que celui de ces écrivains énigmatiques qui s'imaginent que les pensées les moins solides, pour ne pas dire les plus fausses et les plus impies, passeront pour de grands mystères, étant revêtues des manières de parler inintelligibles au commun des hommes. »** [390]

Récemment. « **A son actif, la phénoménologie a inspiré quelques courants de recherche en sciences sociales. A son passif, trois grandes critiques peuvent lui être adressées. D'abord, le "style" de ses adeptes, volontiers obscur, manque de rigueur et leur vocabulaire, de précision. Ensuite lorsque l'obstacle de l'ésotérisme est franchi, et que l'on retraduit en langage familier les "analyses " phénoménologiques, on éprouve bien souvent la désagréable impression de retomber sur des trivialités. »** [391]

« **Il a commis une faute irréparable : en étant clair et accessible, il a nui à la corporation des économistes, dont le prestige repose sur le caractère incompréhensible de leurs écrits...)** [392]

Et même des publicistes : « **Pire que tout, les chargés d'études utilisent un jargon prétentieux tel que : Paradigmes comportementiels, démassification, reconceptualiser, sous-optimal, union symbolique, scissionnisation. Et quoi encore Professeur.? »** [393]

Mais le procédé reste très utilisé :

M. Serres : « **Avant d'écrire sur l'histoire, il serait judicieux de réfléchir à l'existence de plateaux à causalité nulle. En haut de la haute Engadine, chacun peut, de l'œil ou du pied, tracer des lieux où les flux sont blancs. L'eau n'y est pas un talweg, nulle chréode ne s'y creuse, n'importe quelle douce risée poussera les eaux n'importe où. Elles rient dans la cause nulle, elles vibrent dans le possible. Avant d'être des fluxions, elles sont des fluctuations. L'indéterminé n' a aucun sens, il les a tous.** » [394] Le lecteur choisira : ou ce paragraphe a tous les sens, ou il n'en a aucun.

Chez certains auteurs, tout le style, sinon la " pensée ", est du à ce procédé :

J. Kristeva : **« L'expérience imaginaire et son bonheur polymorphe furent des composantes majeures du continent de la foi. La fragmentation théologique a laissé le soin à l'herméneutique et à la philosophie métaphysique de poursuivre le bonheur entendu comme une variation de sens, comme un cheminement dans l'être. On peut se réjouir des bénéfices pour la pensée que cette mutation a apportés, comme on peut déplorer la déviation de ce qui fut une jouissance de Dieu vers le seul souci, fut-il indemne, d'entendre l'appel de l'être.** » [395] Le thème est celui du bonheur !

M. Blanchot : **«Ce n'est pas la force d'un interdit, c'est, à travers le jeu et le sens des mots, l'affirmation insistante, rude et poignante que ce qui est là, dans la présence globale d'un texte définitif, se refuse cependant, est le vide rude et mordant du refus, ou bien exclut, avec l'autorité de l'indifférence, celui qui, l'ayant écrit, veut encore le ressaisir à neuf par la lecture.»** [396] C'est le style labyrinthique, si prisé par les étudiants américains en doctorat !

M. Le Bris : **« Nous croyons que les grandes œuvres naissent de cette tension, de ce rapport d'incandescence entretenu avec le réel.** » [397]

Un écologiste : **« Au moment où plus d'un tiers des Français semblent donner leurs suffrages à leurs trois compatriotes les plus archaïques - J-P. Chevènement, J-M. Le Pen et A. Laguillier - [...] Thèse n°1 : L'écologie politique ne porte pas sur la défense de la nature ; elle prend acte au contraire, de la fin de la nature** comme " autre " du politique. Depuis les "crises de l'environnement", il n'y a plus d'extérieur qui puisse servir de réservoir, de reposoir, de repoussoir, pour ce dont les humains doivent publiquement débattre. » [398] Comprenne qui pourra ! Les trois personnes politiques citées dites archaïques, on en effet en commun, dans des styles très différents, de parler aux français, un langage qu'ils comprennent. Mais quoi de plus vieillot et politiquement dépassé qu'un langage compréhensible !

Le jargon est par excellence le discours des "prophètes", des fondateurs de sectes. C'est aussi le discours du maître, qui cantonne l'autre "dans la servitude" : « J.B. Pontalis parle "d'une forme orale inouïe et singulière, avec tout ce que cela pouvait avoir d'irritant et de fascinant ". Impossible pour lui de décrire complètement le côté " initiatique, les effets de suspens, l'art de ne jamais conclure (...), ce qu'il y avait de flamboyant, d'insaisissable, de plus énigmatique. " » (Pontalis parle de J. Lacan). [399]

P. Sollers : « Loin d'être dépassé, surmonté, déconsidéré par la brutalité des temps, renvoyé à une convulsion historique ou à un effondrement traumatique, Nietzsche, comme tous les penseurs essentiels, vient lentement vers nous, se défait de ses suiveurs bavards comme de ses ennemis répétitifs. » [400] Ôtez les adjectifs, il ne reste qu'une parfaite banalité !

«On peut assister aujourd'hui au paradoxe suivant : plus l'ignorance publicitaire et télévisuelle augmente (...) et plus les classiques deviennent des auteurs surprenants, révolutionnaires, fous, surréalistes...» [401] Quatre adjectifs et l'on passe en revue tout ce qui a été à la mode durant le XX° s.

« [la poésie] … est une quête incessante, une remise en question , le champ clos où se rencontrent le visible et l'invisible , où s'affrontent la muse, l'ange, la statue, le miroir et les épiphanies du désir amoureux. » [402] Il s'agit de la poésie de J. Cocteau. Il n'y manque donc que le carton pâte.

En franglais

> « La pédanterie est un vice d'esprit et non de profession ; et il y a des pédants de toutes robes, de toutes conditions et de tous états. »

Arnaud et Nicole, *L'art de penser.*

C'est une des ressources de la publicité.

1920

> **« FLEX   Belt-Corsets**
>
> **Specially designed for officers and men of the British and American Expeditionnary Forces.**
>
> **Suppress obesity... Assure a correct smart figure a manly and sporting carriage**
>
> **Bos et Puel, 234 Faubourg Saint-Martin, Paris »** [403]

> **« SPARKES HALL**
>
> **4, avenue Friedland, Paris**
>
> **These boots are all Hand-Made**
>
> **and of the highest possible class**
>
> **« Field » boots**
>
> **« Trench » boots**
>
> **Ankle boots**
>
> **en stock**
>
> **Made in England »**

Récemment.

On continue à considérer probablement que le monde anglo-saxon est en avance dans tous les domaines. **« Les gardiens de la langue ont fort à faire face à des publicitaires et des annonceurs irrésistiblement séduits par les charmes de l'anglais. »** [404]   Et l'auteur de donner quelques exemples :

« Ainsi les sociétés françaises qui veulent s'imposer à l'étranger choisissent un slogan anglo-saxon, à l'image d'Alcatel qui signe : « Architects of an Internet World » (Architectes d'un monde Internet), Framatome, qui souligne son logo de « The Real future » (L'avenir réel) ou du « Your world beyond the frontiers » (Votre monde au delà des frontières) qui permet à Axa d'affirmer son statut d'entreprise mondiale. »

Publicité pour une lessive : **« ...le nouveau Skip Tablets Spring Fresh »** [405]

Publicité Nestlé : **« Nouveau. Entre les starting-blocks et le tie-break, une pause stick ? »** [406]

Publicité pour hebdomadaire : **« Depuis plus de quatre ans, "l'Obs" est le premier news de France. »** [407]

Très fréquent dans les publicités pour les produits dits de beauté.

« AGE FITNESS Toute la force de l'olivier. Dès 8 jours, une peau plus jeune. **»** [408]

« BURBERRY TOUCH ». [409]D'après le flacon, il s'agit d'un parfum, sauf erreur.

En latin

« Cette formule anti-âge puissante contient de multiples extraits naturels de plantes, dont le <u>Padona Pavonica</u>.... » [410]

En yiddish

« Il fallait donc au professeur Latour une sacrée dose de "chutzpah" (comme on dit en bon yiddish) pour affirmer: "La blague est drôle, une intervention astucieuse. Elle flanque une bonne raclée à des gens qui la méritent. [Mais pas aux] chercheurs qui, comme moi, font partie des science studies" et "ont une formation scientifique". **»** (Libération du 3 décembre 1996). [411]

Jouer sur les mots

> *« Quiconque a dessein de piper le monde, est assuré de trouver des personnes qui seront bien aises d'être pipées. »*
>
> Arnaud et Nicole [412]

On a remarqué depuis fort longtemps que bien que les mots aient une définition relativement rigoureuse dans les dictionnaires, leur utilisation quotidienne n'est pas exempte d'imprécision. Cette imprécision peut être voulue pour générer un sens second ou simplement pour faire dire aux mots autre chose que ce qu'ils signifient.

F. de Sales : **«La tristesse de la vraie pénitence ne doit pas être tant nommée tristesse que déplaisir, ou sentiment de détestation du mal : tristesse qui n'est jamais ni ennuyeuse ni chagrine : tristesse qui n'engourdit pas l'esprit, mais qui le rend actif, prompt et diligent : tristesse qui n'abat point le cœur, mais le relève par la prière et l'espérance, et lui fait faire les élans de la fervente dévotion : tristesse, laquelle au fort de ses amertumes, produit toujours la douceur d'une incomparable consolation, suivant le précepte du grand Augustin : Que le pénitent s'attriste toujours, mais que toujours il se réjouisse de sa tristesse.»** [413]

Mais dans bien des cas, l'objectif est bel et bien de manipulation.

« Contrairement aux idées reçues, le papier ne détruit pas la forêt. Il contribue à son développement. Savez-vous qu'en lisant la presse vous participez à l'équilibre de la forêt ? Parce qu'elle est vivante, la forêt a besoin d'attention et de respect. Sa sauvegarde dépend aujourd'hui du travail de tous ceux qui contribuent à une exploitation harmonieuse de ses richesses.[...] Comme les papetiers qui valorisent ses ressources abondantes en utilisant les fibres de bois indispensables à la fabrication du papier[...] En France, par exemple, la forêt s'accroît chaque année de 25 000 hectares. Aimer le monde dans lequel on vit, c'est vouloir à la fois le préserver et communiquer avec lui. Ainsi le papier, matériau familier, produit noble, issu du bois, est aussi le support naturel de la pensée et de l'information. » [414]

Cette publicité joue sur plusieurs registres. Le lecteur imaginant, naïvement, que pour faire du papier, il faut couper des arbres, est déclaré imbécile, puisqu'il est victime d'une idée reçue. " Idées reçues " est injurieux en français. Ce n'est peut-être pas le meilleur liminaire pour une telle pub. Quant à la "valorisation des ressources abondantes", elle laisse entendre que l'on a trop de bois, et qu'heureusement, les papetiers sont là pour l'utiliser. L'idée fondamentale est évidemment de faire penser que le déboisement, tous les déboisements, même tropicaux ne sont qu'une valorisation.

« La publicité est plus sérieuse, plus profonde et plus importante pour le système socioculturel qu'elle veut bien le reconnaître elle-même et que l'on veut bien lui concéder. La publicité est culture. Elle est culture au sens où les contes pour enfants, les vitraux des cathédrales, les feuilletons télévisés et les défilés de mode sont, eux aussi culture. [...] Ce n'est pas pour rien que la publicité a gagné aujourd'hui son droit d'avoir des musées et d'être enseignée sous les augustes plafonds des facultés, et non seulement comme une technique mais comme un phénomène social. » [415] Les publicitaires adorent l'à peu près, ce qui rend parfois difficile de saisir leur pensée vraie car on ne sait jamais si telle confusion de vocables est due à la facilité de la plume et à une relecture des plus sommaires ou à leur pensée véritable. L'auteur confond ainsi allègrement les deux sens du mot culture, le sens anthropologique c'est à dire l'ensemble des phénomènes sociaux dans un système donné et le sens traditionnel du mot culture qui signifie une connaissance maîtrisée des arts, des lettres et des sciences. Que la publicité soit culture au premier sens du mot est une évidence. La publicité existe comme les bandes dessinées ou les tags... ou les poubelles. Elle est donc un phénomène culturel que l'on peut analyser comme n'importe quel fait social. Qu'elle soit culture au second sens du terme est bien, en revanche, ce qui fait problème. Sauf pour les publicitaires.

La publicité, elle utilise des adjectifs, non plus pour qualifier, mais pour jouer sur les sens différents de certains adjectifs. **«Banques populaires. Nous ne sommes pas populaires sans raisons.»** Cette pub joue sur le double sens de populaire : proche du peuple, qui sert au peuple, comme dans «journal populaire» et qui a une grande popularité : «ce chanteur est populaire auprès des jeunes». Il va de soi que les soupes «populaires» ne sont pas vraiment «populaires» : les gens qui y vont se passeraient sans doute bien d'y aller ! Et peut-être en est-il de même pour les banques ?

Titre « **Les aveux implicites de Simone Weber** »

« Simone Weber était soupçonnée d'avoir tué son ami, Bernard Hettier, d'avoir découpé son corps, puis d'avoir placé le tronc dans une valise, laquelle sera repêchée dans la Marne....

En tant que psychanalyste, j'ai été frappée par ... le nom donné à la voiture du disparu, « la Bernadette » et du faux nom, « Mme

Chevalier » sous lequel le box avait été loué. »…

« Dans le choix du nom de Mme Chevalier, nous trouvons bien sûr le mot <u>cheval</u> auquel se rajoute le suffixe <u>ier</u> que nous retrouvons dans Hett<u>ier</u>, l'autre partie de ce patronyme étant phonétiquement présente dans Bernadette (désignation de la voiture). »

« Nous pouvons aussi établir quelques associations : 1° le <u>chevalier</u> est un personnage qui dépose son corps sur le *tronc* d'un cheval ; 2° le mot cheval peut avoir les résonances suivantes : cheval, chevalerie - affaire équestre - affaire de <u>séquestre</u> … » [416].

On peut hausser les épaules. On peut s'inquiéter des ravages sur des patients d'une telle manie interprétatrice.

Mais cette interprétation doit évidemment être interprétée à son tour. L'article est écrit par German Arce Ross, évidemment un pseudonyme et signé G.A.R. Les G.A.R., Groupes armés révolutionnaires, oubliés aujourd'hui, furent naguère célèbres pour des crimes particulièrement odieux. La référence n'est pas innocente. Par ailleurs **G**erman **ARCE** doit évidemment se lire **GARCE**. D'autre part l'auteur avoue passer sa rage **(GAR= RAGe)**. Notons aussi le prénom German, qui n'existe pas en français et qui dissimule, mal, Germaine, l'auteur révélant ainsi son sexe par un curieux lapsus. Il est donc évident que l'auteur n'est que Mme Weber elle-même, qui veut brouiller les pistes par une interprétation sibylline appelant elle-même d'autres interprétations dans une spirale sans fin. A. Lupin n'aurait pas fait mieux !

« "Abracadabrantesque." L'expression , inventée par Jacques Chirac, jeudi 21 septembre à 19 h 30 sur le plateau de France 3 dit tout à la fois. La défense- "abracadabrante" – et la crainte –"dantesque" – de l'Élysée depuis la publication de la confession posthume de Jean-Claude Méry. » Le Monde 23/09/2000. Il n'y a aucun « dantesque » dans l'expression utilisée, mais un « brantesque », ce qui n'a rien à voir.

On peut aussi utiliser simplement un adjectif contredisant le mot qu'il qualifie. Cela n'a pas grand sens mais peut faire illusion.

« Jadis formidable discipline des instincts, le puritanisme n'est

plus aujourd'hui qu'une pudibonderie lubrique. » [417]
Pudibonderie : Affectation de pudeur exagérée. Lubricité : acte d'une grande immoralité. (Larousse)

Ou faire une distinction entre deux quasi homonymes.

« Pour lui, le septième art a été longtemps une manière de se retrancher de la société pour aller au devant du monde. » [418] La distinction pourra paraître insignifiante ou profonde.

La concession de pure forme

« Est-ce que Franco massacre les femmes et les enfants ? » Cette question, c'est notre bon confrère S. Lauzanne qui la pose dans Le Matin de lundi dernier. Et qui la pose avec une ingénuité si désarmante qu'elle arrête la paire de claques au vol. Son article porte le titre charmant : LE CHANTAGE A LA PITIÉ. « Évidemment, commence-t-il, le cœur se serre quand on lit les descriptions de ces interminables cortèges de femmes et d'enfants... Mais même lorsque le cœur se serre, la raison doit rester lucide. » Et faisant un effort pour être raisonnable, comme on doit l'être au pays de Descartes, M. Lauzanne desserre son cœur pour écrire, d'une main lucide : « Il y a plusieurs sortes de chantage : il y a le chantage à la menace et il y a le chantage à la pitié. La France qui est inaccessible à l'un doit s'employer à faire cesser l'autre. » [419]

L'auteur démonte parfaitement le mécanisme utilisé par son adversaire : concession de pure forme, qui permet ensuite d'avoir une position d'autant plus dure.

La métaphore comme argument

Le plus souvent, la métaphore sert à induire une contamination en utilisant un vocabulaire chargé de certaines connotations. Parler, par exemple, de la santé des entreprises induit qu'elles doivent être en bonne santé sans préciser ce qu'est cette bonne santé. Soyons clair, une entreprise en bonne santé est une entreprise qui gagne de l'argent et rémunère grassement ses actionnaires. Avez-vous jamais entendu parler de la «santé» des salaires ? Non, évidemment. Les salaires sont des charges, presque des maladies qui vous entraînent dans d'effroyables spirales inflationnistes, autant dire des tempêtes, sinon des ouragans.

N'est pas sans risques, toutefois : **« Le char de l'État navigue sur un volcan. »** Trois éléments métaphoriques ici, qui illustrent bien les dangers de cette figure.

Malgré ces écueils, très largement utilisée et pratiquement indispensable ! **« La métaphore a du sa naissance à la nécessité, sous la contrainte du besoin et de la pauvreté, puis l'agrément et le plaisir l'étendit [...] L'expression propre a peine à bien exprimer la chose : au contraire l'expression métaphorique éclaire ce que nous voulons faire comprendre et cela grâce à la comparaison avec l'objet, exprimée au moyen d'un mot qui n'est pas le mot propre. [...] Les métaphores, celles au moins qui sont faites avec goût, s'adressent directement à nos sens, et particulièrement aux yeux, le plus pénétrant de sens. Elles rendent pour ainsi dire visible à l'esprit ce que nous ne pouvons distinguer et voir. »** [420]

« Et cette ''une'' c'est l'obligation de trancher le nœud gordien qui, en même temps qu'il l'étrangle, annonce un dévoiement de l'esprit des lois. » [421] Le nœud gordien n'a jamais étranglé personne. L'auteur s'est un peu embrouillé !

« L'embryon au microscope des grands monothéismes. » Le microscope est un instrument scientifique, ce qui n'a évidemment rien à voir avec le religieux. Quant aux petits monothéismes, on n'en parle curieusement jamais ! [422]

Dramatiser

Un certain type d'argument consiste simplement à dramatiser une situation, un fait, un chiffre, pour le rendre frappant, exemplaire et si possible « unique » et donc incomparable.

« La loi de Lynch a-t-elle aujourd'hui force de droit ? Sommes-nous revenus aux temps de procès sans avocats, des exécutions sans jugement ? Trois balles dans la peau, aurait-on dit, aurait-on fait à certaine et pas si lointaine époque, mais les mots précédent souvent les actes, et, de Brasillach à Tournier, il n'y a que la distance qui sépare l'instigateur de l'acteur. Le déchaînement de haine contre Laurent Fabius me scandalise et m'horrifie car il signifie le retour possible des temps barbares [...]. » [423] Allons, allons, personne n'a envie de fusiller M. Fabius, mais seulement de lui donner quelques coups d'épingle, ceux qui dégonflent les baudruches.

«De là le procès en sorcellerie qu'elle intente à Laurent Fabius, avec son cortège de vengeance, de haines de classe et de relents ambigus.» [424] Ambigu, c'est à dire qui offre la possibilité e deux significations, est parfait. Il évite de dire quelles pourraient être ces significations, tout en laissant entendre que l'une au moins est inacceptable sinon monstrueuse.

« Me voici accusée d' " être " à la télévision, d'y exister et d'y faire exister mes semblables. Ce procédé et les arguments employés ont quelque chose de révoltant. Ils me rappellent des procès idéologiques de sinistre mémoire, les procès staliniens. L'Histoire ne leur aurait donc rien appris. » [425] On notera le grand H d'histoire. Classique ! Si nous avons bien compris une polémique que nous avons suivi de fort loin, des journalistes auraient reproché à cette péronnelle de faire à la télévision des émissions qui, sous couvert de permettre aux spectateurs de s'exprimer, permettaient surtout d'étaler quelques vices sous le prétexte, vieux comme le monde, de dénoncer lesdits vices. Pas de quoi fouetter un chat ! si çà se vend ! **« Pour vendre, il faut faire scandale. »** [426] Mais la donzelle semble ignorer que dans les procès auxquels elle fait allusion, il était question de vie et de mort et non d'audimat, de profit et surtout d'ego pathologiquement démesuré !

Sans aller aussi loin, un auteur, sous le titre : « **A propos d'un torchon-manifeste** » s'en prend à des cinéastes qui avaient eux-mêmes pris à partie des critiques de cinéma, les accusant de massacrer des films au lieu d'en faire une critique nuancée et de se faire une réputation au détriment de ces films. L'auteur le prend de très haut, mettant les cinéastes au rang de vils tâcherons et d'imposteurs.

« Supposer .. que le conflit passerait entre critiques et cinéastes relève de l'imposture et désigne, pire, une volonté de dissimuler la dimension idéologique et les enjeux de sens qui sont au travail dans tous les films et qui les font s'affronter. [...] Il n'y aurait qu'à rire de cette vision idyllique du cinéma ...si elle ne s'énonçait en un temps particulier qui est celui de la peur, voire de la haine devant tout ce qui faite effort de pensée, tout ce qui prétend faire bouger les consciences, troubler les évidences et les

certitudes .» [13] Manifestement l'auteur regrette la belle époque où des critiques adossés à de puissants partis politiques capables de vous mettre au chômage ou des groupuscules violents capables de vous agresser physiquement, pouvaient dire le bien et le mal, le beau et le laid, sans jamais passer par l'épreuve de faire eux-mêmes ce qu'ils reprochaient aux autres d'être incapables de faire.

L'accumulation

C'est une variété de la dramatisation, l'accumulation d'éléments, d'ailleurs liés entre eux, permettant une amplification.

« Tuiles cassées, concassées, morceaux de murs encore peints, de vaisselle, de verre, anses de casseroles, ferrailles, morceaux de métaux tordus, fondus, de plastique dissous, collé au reste. » [427] L'auteur décrit le Kosovo laissé par les Serbes : **« maisons écoles, bâtiments publics brûlés détruits systématiquement. »** L'auteur veut ignorer qu'un bâtiment détruit « systématiquement » ne diffère pas d'un bâtiment détruit par hasard, par exemple par une bombe « intelligente » américaine.

L'exagération

1944.

« - Et les colons ?

- Ils ne sont plus des colons, ce sont des agriculteurs. En général, ils sont patriotes. Mais il n'en est pas de même des cent seigneurs d'Algérie !

- Qui sont-ils ?

-Les maîtres du pays, des mines, de la terre, des banques. Voici par exemple, un nommé Borgeaud, naturellement collaborateur sous Vichy ; Il a fourni à l'armée Rommel tout le liège nécessaire pour le revêtement de ses chars dans le désert, afin d'y maintenir un température supportable. C'est grâce à cela que Rommel a pu refouler les troupes alliées et frapper durement les troupes

---

[13] J. L. Comolli, Le Monde, 1/12/1999. « En écoutant les gens auxquels on permet de parler en public, j'ai compris qu'ils n'osent ou ne veulent dire que ce qui convient à ceux qui commandent, et que payés par le fort pour prêcher le faible, ils ne savent parler à ce dernier que de ses devoirs et à l'autre que de ses droits. » J.J. Rousseau, Lettre à M. de Beaumont.

françaises de Libye. » [428] On a quelques difficultés à concevoir le liège comme matériau stratégique, produit qui pouvait d'ailleurs être acheté sans problème au Portugal, pays neutre sinon allié des allemands. Et puis, un char, çà chauffe surtout de l'intérieur.

« 75.000 Parisiens ont été fusillés depuis le début de l'occupation allemande. On pourrait ne pas le croire... 1000 par mois. » [429] On a un peu de mal à le croire, effectivement. « Au total durant la Seconde Guerre mondiale, 6 000 Français furent massacrés ou tués par les Allemands ou leurs alliés, 25 000 furent fusillés (Wikipedia) ».

Plus récent.

« Les gens originaires des communautés juives de l'Europe orientale, qui constituaient, rappelait Emmanuel Levinas, la majeure partie de nos six millions de torturés et de massacrés ''représentaient sans doute les êtres humains les moins corrompus de l'histoire... '' .» [430] Bien qu'il soit délicat de discuter des qualités et défauts de gens assassinés, il est probable que ces communautés comptaient vices et vertus dans des proportions assez semblables à celles des quatre à cinq mille communautés humaines qui vivent sur notre planète.

« Si l'on observe attentivement l'action menée par la gauche au pouvoir en France ces dernières années - sans même parler de sa stratégie de liquidation de l'école républicaine -, il apparaît avec une évidence criante que sa politique est dominée par une attaque constante contre tout ce qui, dans les institutions de la France, porte trace d'unité nationale, d'indivisibilité républicaine et de laïcité. » [431] La « liquidation de l'école républicaine » n'est nourrie d'aucun fait, ni d'aucun argument dans le reste de l'article. Le tout que nous avons souligné n'est illustré que par le problème des langues régionales, qui est tout de même bien secondaire que l'on soit pour ou contre leur enseignement dans l'école républicaine. L'auteur a confondu l'exagération propre à un meeting électoral et l'argumentation nécessaire à un article publié dans un journal sérieux.

« Il a été donné d'apercevoir près d'un million de Tutsis massacrés à coup de kalachnikov, de gourdins, de machettes, de barres de fer ou de couteaux [...]. Le Ruanda comptait à l'époque 5 à 6 millions d'habitant et les Tutsis comptaient pour environ 15% de la population. Il était donc difficile d'en tuer un million et d'en laisser suffisamment pour contrôler le gouvernement, l'armée, la police, l'université, la magistrature, la douane et quelques autres rouages de l'état et de l'économie. Généralement on parle de 500.000 Tutsis tués et pour arriver au chiffre rond d'un million, propre à frapper l'imagination, on ajoute 500.000 Hutus "modérés" A trop vouloir prouver…

« Qui lit encore des livres aujourd'hui dans les villages d'Afrique, et qui connaît encore le sens des mots ? » [432] On ne lit plus de livres dans les villages d'Afrique, parce qu'on n'en a jamais lu. Il n'y a guère qu'en ville qu'on lit, étant donné le prix des livres et le nombre d'analphabètes. Quant au sens des mots, la plupart des sociétés africaines y attachent une importance capitale, guerre ou pas. L'essentiel n'est évidemment pas de tenter de décrire ou de comprendre, mais de faire une phrase. On pourrait tout aussi bien dire : Qui lit des livres parmi les journalistes français, et qui y connaît le sens des mots ?

« ... que les Palestiniens aient, les premiers, attaqué avec une violence inouïe (avec des pierres, précisément), les juifs priant à côté de l'Esplanade... » ... **« par la destruction du tombeau de Joseph, par les lapidations, par les meurtres, par les appels à la haine, par la martyrologie hystérique, les Palestiniens ne peuvent plus se dire victimes d'une provocation. »** [433] 89 morts d'un côté, 5 de l'autre, du 28 septembre au 13 octobre 2000. [434] Pierres d'un côté et missiles de l'autre est en effet inouï.

« L'armée israélienne n'a fait que tenter de se défendre et de protéger les citoyens d'Israël contre de véritables pogroms en cours d'exécution. » Le mot pogrom est très lourd de significations. C'est pourquoi il est utilisé ici. Mais historiquement, les forces de l'ordre étaient plutôt du côté des assaillants ou en tout cas laissaient faire. [435] Le parallélisme est donc discutable.

Une évaluation d'audience indiquant que la chaîne de télévision de l'Assemblée nationale a une audience non mesurable, c'est à dire à peu près nulle, un certain nombre de personnes demande sa suppression ne raison de cet insuccès et de l'opacité de ses comptes. Le président, par exemple, refuse de communiquer son salaire et les avantages afférents à la fonction. Le dit président se défend :

« **Devrais-je en appeler à Georges Bush et Tony Blair pour** « **sécuriser** » **la Chaîne Parlementaire ? A chacun ses talibans, bien sûr... Depuis six semaines, les ... collaborateurs... subissent en silence.. les avanies d'une sorte de ministère du vice et de la vertu bâti sur le modèle afghan. Ces étudiants en théologie médiatique, diligentés par des mains anonymes la plupart du temps, ont décrété que la chaîne de l'Assemblée nationale, méritait ...de disparaître.** » L'auteur utilise donc la dramatisation, pour porter son petit problème personnel à la hauteur d'une tragédie nationale. Classique et d'ailleurs inefficace. Il continue : « **C'est en Afghanistan que meurent nos confrères reporters – face aux vrais talibans. Chez nous, leurs clones de papier avec leurs fausses barbes ne nous obligent qu'à une** *guéguerre* **dérisoire.** » Ici la dramatisation devient franchement malhonnête. La nullité d'une chaîne de télévision et de ses « journalistes » n'a rien à voir avec la mort d'autres journalistes. Ils n'ont rien en commun, même pas leur métier, sauf d'appartenir à la même caisse de retraite. » [436]

L'exagération peut même avoir un effet comique par une lecture au second degré. « **La trop grande perte de semence produit la lassitude, la débilité, l'immobilité, des convulsions, la maigreur, le dessèchement, des douleurs dans les membranes du cerveau ; émousse les sens, et surtout la vue ; donne lieu à la consomption dorsale, à l'indolence et à diverses maladies qui ont de la liaison avec celle-ci.** » [437]

5° PARTIE L'EXCÈS

La propagande

> « *Honneur, cent fois honneur et gloire à la fourberie ! Par la finesse de nos ruses et de nos machinations, par la confiance en nos robustes épaules, et par notre force à braver les houssines, les bâtons, les lames ardentes, les croix, les entraves, les liens, les chaînes, les prisons, les tortures, les gênes, les carcans et ces docteurs si énergiques, si familiarisés avec notre dos et si habiles à sillonner nos omoplates de cicatrices, nous avons enfin trompé l'ennemi et pris toutes ses munitions.* »
>
> Plaute, *l'Asinaire.*

Le terme « propagande » n'avait pas au départ la connotation négative qu'il prit par la suite. En 1944, le secrétaire général du Mouvement national des prisonniers de guerre et déportés, demande que son mouvement obtienne **« la direction de la propagande dans les camps de prisonniers allemands en France... pour leur désapprendre toutes ces théories fumeuses du nazisme et tout ce bellicisme qu'on leur a inculqué. »** [438] Mais il a pris de nos jours la signification d'un endoctrinement sans nuances et il peut même servir d'injure.

La grande époque de la propagande fut, en France, la guerre de 1914-1918, mais on la retrouve en 1940, en 1944, lors de la guerre d'Indochine, lors de celle d'Algérie, et particulièrement lorsque le gaullisme fut au pouvoir. La propagande n'utilise pratiquement pas d'arguments. Elle met tout au service d'un message très simple et très lié à l'affectivité de ceux qu'elle vise. Ce message est généralement : nous allons gagner et d'ailleurs nous sommes en train de gagner, parce que nous sommes les plus forts et les plus intelligents et que l'autre, l'ennemi, n'est qu'une brute [14] barbare,

---

[14] « Au seuil du troisième jour d'une offensive menée par la allemands avec une brutalité et un matériel inouïs... »Paris-Midi, 7/6/1940.

d'ailleurs condamné par tout ce qui est civilisé. Donc et de plus, Dieu, le Droit, l'Histoire, la Civilisation, la Liberté, le Progrès et le sens de l'Histoire, etc. sont de nôtre côté [15].

Ce qui caractérise la propagande, c'est son caractère excessif qui saute aux yeux lorsqu'on n'est pas, ou plus, dans la situation où elle a été utilisée. Elle est totalement irrationnelle et n'a de sens que vis à vis de populations déjà entraînées par des sentiments très forts. Elle est alors efficace, justement en raison de son aspect outrancier. On est alors dans l'ordre du magico-religieux où le plus incroyable est aussi le plus crédible.

Les classiques

1914.

«LA DISETTE EN ALLEMAGNE ET EN AUTRICHE.

Les voyageurs arrivés des pays belligérants racontent que l'Allemagne et l'Autriche souffrent déjà de la disette ; un renchérissement considérable des vivres se fait sentir dans les grands centres tels que Cologne, Berlin, Trieste et Budapest.» [439]

« LES SOLDATS ALLEMANDS NE SONT PAS NOURRIS » [440]

C'est un leitmotiv de l'époque.

« Le soldat français rit partout. Il a commencé à rire le jour même de la mobilisation. Le rire des tranchées, c'est un rire exceptionnel, merveilleux. Il apaise la faim, il trompe la soif. Il rassasie et désaltère quand on n'a rien que du boche à se mettre sous la dent. Qui rit dîne, et le tour est joué. Allez-y les joyeux, les pinsons, les bons enfants les lascars ! Soyez gais. AMUSEZ-VOUS ! DANSEZ ! RIEZ ! CHANTEZ ! .» [441]

Il y eut pire. Et des artistes universellement connus reprirent la pire propagande. Le célèbre Poulbot, créateur du « poulbot », surnom donné au titi parisien publia ainsi des dessins représentant des atrocités allemandes imaginaires sur des enfants volontairement mutilés

---

[15] « Il est même difficile de trouver un exemple de violence militaire non accompagnée d'un discours se réclamant des valeurs les plus élevées et les plus généreuses de l'humanité. Parce que les intellectuels ont toujours été de grotesques faire-valoir du pouvoir. » N. Chomsky, L'Express, 23/12/2000.

<u>1940</u>. Propagande gouvernementale française :

P, Raynaud, Président du conseil des ministres :« **Nous savons maintenant ce que c'est qu'un raid colossal ; pour l'âme de Paris, ce n'est rien. »** [442]

« L'effet de surprise est passé

Les chefs et les hommes savent maîtriser les éléments blindés.

L'aviation alliée affirme chaque jour sa supériorité. » [443] Au début de ce qui fut une des pires débâcles que l'histoire ait connu.

<u>1940</u>. Propagande communiste :

« Dans tous les pays capitalistes du vieux continent les produits les plus indispensables à la vie des hommes manquent, comme conséquence de la guerre impérialiste. Les cartes de rationnement, les longues ''queues'' devant les boutiques, la menace de la famine, telles sont les dernières horreurs du système capitaliste couvert de sang et de boue. Mais il y a un pays où il n'y a ni cartes de rationnement, ni queue ni misère, ce pays c'est le pays du socialisme, c'est l'URSS qui depuis un an a libéré sans guerre 23 millions d'êtres humains, et qui constitue avec ses 193 millions... » [444]

<u>1944</u>. Propagande française collaborationniste :

« Les soldats américains faits prisonniers sur la côte normande avaient dans leur poche des billets de banque français, imprimés en Amérique. Washington aurait imprimé 80 milliards de ces francs, sans même que le Comité d'Alger ait été consulté. C'est ainsi que les anglo-américains espérant s'installer en France, n'avaient pas hésité à s'octroyer toute la puissance économique que donne l'argent et à détruire, ainsi, le pouvoir d'achat de la monnaie française. Ne nous en étonnons qu'à moitié, car ceux qui n'hésitent pas à raser nos villes, à semer partout les deuils et les ruines, ne doivent, pas, évidemment, se préoccuper beaucoup de notre économie nationale. » [445]

<u>1944.</u> Propagande française de groupes communistes de la Résistance :

« Comités de libération de Seine, Seine et Oise,

Seine et Marne, Forces Françaises de l'Intérieur

ORDRE DE MOBILISATION GÉNÉRALE

L'ordre de mobilisation des officiers, sous-officiers, dans le FFI, décidé par la Gouvernement Provisoire de la République, est étendu par décision de Comités de la Libération et du commandement des FFI de l'ile de France, à tous les Français de 18 à 50 ans.

Comment s'enrôler dans les FFI ?

Dans chaque entreprise, rue quartier, localité, arrondissement, tous les hommes touchés par l'ordre de mobilisation doivent s'organiser :

- En groupes de combat (8 hommes qui désignent leur sergent, chef de groupe)

- En détachements(4 groupes de combat) ;

- En compagnies et bataillons.

Armement :

Distribuer immédiatement toutes les armes stockées ou détenues individuellement aux combattants.

Arracher leurs armes aux Allemands par des attaques individuelles et des groupes de combat)et aux milices de Darnand.

Attaquer les dépôts de l'ennemi, les camions d'essence et de munitions.

S'emparer des canons et des tanks avec des unités spécialisées (tankistes, artilleurs, etc...)

Utiliser tous les moyens de fortune pour nuire à l'ennemi(armes blanches, grenades et bouteilles incendiaires, crève-pneus, câbles tendus, abattis d'arbres, cisailles, clés à tire-fond.

...

Signé ROL » [446]

1944. Propagande du parti communiste dans l'Humanité:

> POUR EN FINIR AVEC L'ENVAHISSEUR EXÉCRÉ :
>
> A chaque Parisien son Boche !
>
> Consolidez les barricades ! Union dans le combat
>
> BATTEZ-VOUS COMME DES LIONS
>
> ARMEZ-VOUS EN DÉSARMANT L'ENNEMI
>
> Aux armes ! Aux armes ! Aux armes ![447]

Appeler la population civile à attaquer des soldats puissamment armés, était non seulement stupide mais criminel. Mais on peut penser qu'un tel appel est lancé, non pas pour être suivi, mais pour inculquer l'idée que cela est facile, puisqu'on est déjà (au moins moralement) vainqueur !

1944. Propagande du parti communiste.

« Dans un appel diffusé par la BBC et adressé aux travailleurs étrangers en Allemagne, le général Eisenhower, chef suprême des forces alliées, a déclaré : " L'offensive alliée contre l'Allemagne a fait de tels progrès que vous pouvez passer à l'action, non seulement pour hâter la défaite allemande, mais aussi pour vous protéger vous-mêmes... Cependant, ne permettez pas que les agents provocateurs de la Gestapo vous incitent à des actes prématurés. " [448]. L'Allemagne ne capitulera que 8 mois plus tard ! L'essentiel, pour le Parti communiste est d'apparaître comme l'ennemi le plus déterminé des allemands, entre autres pour faire oublier l'alliance des communistes russes et des allemand au début de la guerre, alliance soutenue par le parti communiste français.

1958. Propagande militaire.

« Alger a vécu un dimanche d'enthousiasme délirant...

Il n'y a plus dans ce pays que 9 millions de Français...

Européens et Musulmans ont fraternisé au Forum. » [449]

1961 Propagande de militaires putschistes en Algérie

« La plus grande partie de l'Algérie était ralliée ce matin à Alger. » [450]

« L'armée d'Algérie pratiquement entière aux ordres du général Challe...

Les prochaines libérations de militaires du contingent interviendront régulièrement. » [451]

Ces braves militaires de carrière avaient complètement oublié que les soldats du contingent se moquaient éperdument de leurs intrigues et feraient échouer le putsch en quelques jours. Plus que de propagande, il s'agissait d'auto-intoxication.

2001. Propagande des États-Unis d'Amérique.

« ... et d'ailleurs, même la France, dans son histoire récente, n'a jamais vu 6 000 de ses civils mourir en une seule attaque. » [452] Il faut s'entendre sur « récent ». S'il s'agit des quinze derniers jours, l'auteur a entièrement raison. S'il s'agit des cinquante dernières années, l'auteur oublie les bombardements du 6 juin 1944, qui firent 30 000 morts français civils inutiles, dont la moitié de mes camarades de classe, cela parce que le débarquement avait été mal conçu, mal préparé et mal exécuté, mais surtout en raison de l'insondable mépris des américains pour tout ce qui n'est pas américain.

Un cas particulier : la libération de Paris en 1944

Nous laissons aux historiens de décider quelles fut la part de chacun : maquisards, armée française, armées alliées, dans la libération du territoire français et particulièrement de Paris.

Dans ce dernier cas tous les acteurs de l'époque sont d'accord pour dire que Paris fut libéré par les forces françaises de l'intérieur, après de durs combats, le coup de pouce final ayant été donné par la 2° Division Blindée sous les ordres d'un général français. C'est le « durs combats » qui nous paraît quelque peu relever de la propagande, les journaux de l'époque faisant des récits qui démentent cette violence.

Le premier point est que les journaux paraissent, sont distribués et achetés. Était-ce le cas lors de l'insurrection de Varsovie ?

Le second est que très vite une trêve est conclue entre les troupes allemandes et les FFI. **« Une trêve est intervenue entre les FFI et les allemands »** [453]

Les combats ne sont donc plus que le fait d'irréguliers, de collaborateurs, d'excités, etc. Et ces troupes sont évidemment faiblement armées : ni chars, ni avions, etc**. « On signale que de nombreux membres de la Gestapo sont demeurés à Paris. Certains parlent correctement le français et ceux qui ont un léger accent se font passer pour des alsaciens enfin délivrés. Circulant en civil dans la capitale, ils s'infiltrent dans tous es milieux et tous les groupements et se révèlent naturellement comme les plus ardents germanophobes de Paris.»** [454] En civil, ils ne devaient pas être très armés.

Le récit de ces combats est assez peu cohérent :

« Des chars s'approchent, tirent, ils sont accueillis par une fusillade nourrie et se retirent en laissant des morts sur le terrain. » [455] En admettant qu'il y ait eu des morts dans des chars capables de se retirer, ils ont du rester à l'intérieur et non sur le terrain. De plus, il devrait y avoir plus de morts dans des insurgés se battant avec peu de matériel que dans des troupes disposant de tanks, c'est à dire de blindages, de canons et de mitrailleuses

Les journaux titrent sur un Paris entièrement au combat mais limitent ces combats à quelques quartiers dans les corps d'articles.

« Dans la capitale hérissée de barricades

Paris insurgé traque l'ennemi

50.000 FFI et plusieurs centaines

de milliers de patriotes dans la lutte. » [456]

Enfin, la vie continue à peu près comme d'habitude.

« Sous les balles, aux barricades, le camelot ne perd pas son sang-froid !

Encore que le tirage de la Loterie Nationale soit évidemment... différé.

Paris en insurrection. Paris est hérissé de barricades. Des hommes en armes les gardent. Des femmes, des vieillards, des enfants aident à porter des pavés de la chaussée à la barricade qui surgira dans une heure. Et voilà qu'apparaît un camelot....

Les balles sifflent, des feuilles tombent. Et pourtant le camelot continue à chercher sa clientèle. » [457]

« Les socialistes de la Seine ont fleuri hier, au Père-Lachaise le mur des fédérés » [458] Fleurs et discours dans une ville hérissée de barricades !

Le tout à la Parisienne avec, évidemment, un « héroïsme » souriant : «**... dans les rues de Paris, cyclistes et piétons souriaient face aux canons braqués.** » [459]

Quelques dizaines d'années après, cela ne fait pas très sérieux.

Le propagande publicitaire

« **Les professionnels des boissons alcoolisées ne peuvent qu'approuver les rapporteurs lorsqu'ils constatent que n'est toujours pas démontrée le lien entre publicité et niveau de consommation d'alcool.** » Un argument auquel le rapport Berger du Commissariat au Plan répond de la manière suivante : « **On ne peut affirmer que la publicité n'a aucun effet sur les comportements des individus et investir autant d'argent dans cette même publicité.** » [460]

« *YvesSaintLaurent* **Mascara volume effet faux cils**

L'intensité du regard sans l'ombre d'un artifice »

Le mascara est un artifice, point.

Rénergie Contour Life

Double performance galbe et fermeté

Véritable concentré d'efficacité ; un effet « lifting » et drainant visible, un raffermissement palpable. Le Complexe Dermo-Cohésion™ agit* de façon ciblée pour renforcer le réseau de soutien essentiel à la fermeté de la peau. *

Résultat : la peau est nettement plus ferme. En 2 semaines, l'ovale s'affine. En 4 semaines, , le galbe du visage est redessiné, le visage et le cou sont visiblement raffermis.

Plus de ressort : 89 %, plus de fermeté : 83 %, plus de netteté du contour :81%. *

*Tests in vitro.

Test réalisé sur 120 femmes pendant 4 semaines. » [461]

Il n'y a dans ce texte qu'un seul astérisque qui renvoie, à deux notes. L'une parlant de tests (au pluriel) *in vitro,* donc en éprouvette, c'est-à-dire sur des cultures de tissus fort éloignés d'une vraie peau. L'autre parle de test (au singulier) sur 120 femmes, donc *in vivo.* Que croire ?

LE N'IMPORTE QUOI

Il semblerait que dans un certain nombre de cas plus l'argument est excessif ou stupide, plus il est convaincant ou, en tout cas apparaît comme tel aux yeux de celui qui l'utilise.

Cet excès a d'ailleurs été utilisé comme ressort comique :

« -.... Qui jamais entendit dire que la mer fût à Saint Cloud ? qu'il y eut là des galères, des pirates, et des écueils ?

- C'est en cela que la chose est plus merveilleuse ; et, quoiqu'on ne les ait vus en France que là, que sait-on s'ils ne sont point venus de Constantinople jusques ici entre deux eaux ? » [462]

L'ignorance

Dans certains cas, on peut supposer une simple ignorance de quelqu'un qui parle trop vite de sujets qu'il connaît mal.

Un sportif **: « Entre nous, c'était de la compétition saine, comme des duels de gladiateurs. »** [463] Rappelons tout de même que ces combats pouvaient se terminer par la mort d'un des combattants et que les armes étaient réelles et les blessures aussi. Cela n'avait rien à voir avec les Jeux olympiques.

Un écrivain **: « Mais Abraham était un commerçant, Jésus un rabbin ou un prophète, Bouddha un moine, tous des hommes spirituels. »** Ah ! la spiritualité du commerce ! [464]

Un prédicateur américain **: « La foi dans ce pays souffre de notre prospérité... Et laissez-moi vous dire que Sodome et Gomorrhe étaient des villes hautement technologiques. »** [465]

« Mieux qu'un essai théorique – hélas rapidement obsolète -, un "journal"» recensant les événements qui contribuent au **"basculement"** d'un socle de civilisation vers un autre favorise la prise de conscience qu'il y a bel et bien mouvement... » [466] Il va de soi que c'est l'inverse le plus probable. Un journal vieillit extrêmement vite. Une théorie résiste mieux au temps, même si un jour ou l'autre elle n'a plus d'intérêt qu'historique.

Le n'importe quoi poétique

« Le sang des menstruations est biologiquement très positif, déclare Jan Fabre. Si vous prenez ce sang pour le donner aux fleurs, il est prouvé scientifiquement qu'elles vont s'épanouir avec plus de beauté. » L'auteur serait sans doute bien en peine de donner une référence. De plus « la beauté » n'est pas un concept. Chacun peut la définir à sa façon.

Du même : « Dans l'ancien testament, il est dit qu'on doit boire le sang du Christ pour devenir plus humain, meilleur. » Mais non ! L'Ancien testament ne parle pas du Christ. Celui-ci signale l'entrée dans le Nouveau !

Du même : « Je me situe au-delà du trans-humain. » C'est ce qui explique sans doute la prétention et l'ignorance de l'auteur [467]

Le n'importe quoi publicitaire

Mais dans d'autre cas, on se perd en conjectures sur ce qui a bien pu se passer dans la tête de l'auteur :

DRACULA
NE CRAINT PLUS LA LUMIÈRE
TELEVISEUR « INTELLIGENCE ARTIFICIELLE » DE TELEFUNKEN

Avant Dracula craignait la lumière. Jusqu'au jour où il découvrit Système « intelligence artificielle », une innovation technique de Telefunken. Doté d'un capteur en façade, votre téléviseur s'adapte automatiquement aux variations de la lumière ambiante…

Qu'est-ce que Dracula vient faire là-dedans ?

La Matière Bleue :

L'audace d'aller

jusqu'au bout

du Conseil

La Matière Bleue est force et élan.

Elle est la force que Sema group confère à tout projet,

> elle est l'élan qui porte le projet personnel de chacun.

Que peut bien être cette matière bleue que la publicité ne définit à aucun moment ?

« Quelqu'un qui a une Twingo ne peut pas être foncièrement mauvais. » Pub Renault. La formule originale se W.C. Fields paraphrasée ici était négative : « Quelqu'un qui n'aime ni les chiens ni les enfants ne peut être foncièrement mauvais. » La formule devrait donc être : « Quelqu'un qui n'aime pas la Twingo ne peut être foncièrement mauvais. » Et c'est probablement à cela que penseront nombre de lecteurs de cette publicité.

> « Les statistiques le prouvent, les enfants sont de plus en plus grands.
>
> L'intérieur le plus spacieux de sa catégorie.
>
> Nouvelle Ford **Mondeo** » [468]

C'est ainsi que certains appartements ont de grandes portes pour les grandes personnes et de petites portes pour les enfants. Car enfin, si une voiture est suffisamment spacieuse pour un adulte, elle doit l'être suffisamment pour un enfant même grand !

Le n'importe quoi judiciaire

« Ruanda : le premier acquitté de génocide reste en prison. La juridiction du tribunal d'Arusha n'avait pas prévu qu'un accusé ne soit pas déclaré coupable.

... l'ancien maire a été jugé non coupable par deux des trois juges du tribunal. Se fondant sur l'avis dissident au sein de la cour, le parquet a interjeté appel.... depuis Ignace Bagilishema attend en prison.. » Ce Monsieur est Hutu, ethnie qui ne possède à peu près aucun droit dans un pays dont elle fait 90% de la population. Pour un Tutsi, un Hutu, ne peut être innocent. Pour les tribunaux internationaux, non plus, semble-t-il. [469]

CONCLUSION

> « *J'ai voulu suivre un précepte fort ancien et d'une grande autorité... dans toute l'étendue de cet ouvrage. Je veux dire que j'y ai mis partout avec une proportion exacte, tantôt une couche d'utile et tantôt une couche d'agréable.* »
>
> SWIFT, *Conte du Tonneau.*

Le recensement de bêtises sous la plume des autres peut apporter une satisfaction d'amour-propre : **« On grandit d'un demi pied à ses propres yeux, quand on trouve dans un ouvrage une phrase louche, un sens ambigu, une preuve mal digérée ou peu concluante : Faible mérite que celui qui n'est fondé que sur la découverte des défauts d'autrui. »** [470]

. Il peut aussi réconforter en voyant de bons auteurs commettre eux-mêmes les erreurs qu'ils dénoncent habituellement. **« Ce qu'il y a de plus absurde, c'est que la plupart ne semblent étudier vos préceptes et les méditer avec soin, que pour suivre des maximes toutes contraires dans la pratique. Rien de plus sage que leurs principes ; mépriser les richesses, faire consister le bien dans la vertu, être exempt de colère, dédaigner les importants, vivre avec tout le monde dans une égalité parfaite ; voilà qui est beau, voilà qui est admirable. Mais ils ne donnent leurs leçons que pour de l'argent ; mais ils font bassement leur cour aux riches ; mais leur cœur est dévoré par la soif de l'or. [...] Ne méritent-ils pas qu'on les couvre de ridicule, quand on les voit pour la moindre des choses, fomenter entre eux des disputes éternelles, s'empresser à la porte des grands, fréquenter les meilleures tables, louer jusqu'à la fadeur ceux qui les y admettent ... »** [471]

Il pourrait, il devrait surtout, améliorer notre esprit critique. **« Quoique sachant les règles des bons raisonnements, il ne soit pas difficile de reconnaître ceux qui sont mauvais, néanmoins comme les exemples à fuir frappent souvent davantage que les**

exemples à imiter, il ne sera pas inutile de représenter les principales sources des mauvais raisonnements... parce que cela donnera encore plus de facilité à les éviter. » [472]

Esprit critique vis à vis d'autrui et des sources qui nous abreuvent quotidiennement d'à peu près, de sottises, de fadaises et de mensonges, de c... en un mot.

Mais aussi vis à vis de nous-même en nous mettant en garde contre notre utilisation paresseuse des mêmes approximations. **« Les hommes ne sont pas nés pour employer leur temps à mesurer des lignes, à examiner les rapports des angles, à considérer les divers mouvements de la matière : leur esprit est trop grand, leur vie trop courte, le temps trop précieux pour l'occuper à de si petits objets; mais ils sont obligés d'être justes, équitables, judicieux dans tous leurs discours, dans toutes leurs actions et dans toutes les affaires qu'ils manient, et c'est à quoi ils doivent particulièrement s'exercer et se former. »** [473]

ANNEXE

Extrait de *La Guerre illustrée*, publication française, vers 1916.

Cette citation est un peu longue. mais nous l'avons voulu telle parce que c'est l'accumulation qui lui donne quelque chose de fou. Il faut certes la replacer dans son contexte, celui de la guerre de 14-18 qui coûta à la France des destructions énormes, la mort de deux millions de soldats et empêcha la France d'être moralement prête en 1939 quand face à la menace hitlérienne, il fallut se résoudre à une guerre nécessaire.

« Le Boche est le représentant d'une race perfide, servile et puante, dont l'agglomération principale réside en Allemagne, mais dont de nombreux spécimens se répandent et s'incrustent dans toutes les parties du monde. Dès le début de la guerre, le mot " boche ", jailli spontanément de la conscience populaire, a été adopté pour exprimer l'idée de la brutalité stupide associée, dans un être humain, aux plus bas instincts de pillage, de carnage et de dévastation. Ce mot servira éternellement à désigner tous les individus de race germanique.

Sa conversation dans le langage courant ne sera pas un des moindres châtiments de la perfidie allemande, car il entretiendra dans l'esprit des peuples la défiance de la race "née pour le mensonge". Souhaitons qu'il mette nos héritiers en garde contre les dangereuses conséquences d'une condescendance irréfléchie. Sous les apparences de la bonhomie obséquieuse, alternant, au besoin, avec la raideur de l'arrogance pédante, le boche n'abandonne aucune de ses intentions d'empiétement ou de conquête.

D'intelligence obtuse, de compréhension lente, incapable de création ou d'invention, le boche limite son initiative à plagier, à imiter, à copier et à dérober. Mais sur ce terrain, servi par une obstination qu'aucune humiliation ne saurait décourager, il sait mettre à profit tous les expédients de l'espionnage, de la tromperie, de mercantilisme, du démarquage et de la falsification.

Le boche n'ayant nulle conception de la dignité personnelle, aucun mensonge, aucune hypocrisie, aucun déguisement ne lui coûte quand son intérêt est en jeu. Son procédé habituel, en temps de paix, consiste à revêtir l'allure de la bonhomie, pour ne pas dire de la bonasserie, par laquelle il s'applique à dissiper la méfiance. Dans tout étranger, il ne voit qu'un client naïf, destiné à se laisser prendre à ses avances obséquieuses, à ses lourds compliments, à son hospitalité organisée et intéressée. Dès qu'il a pu pénétrer dan la place, il en profite pour espionner, intriguer, semer le trouble et il n'est pas rare qu'à force d'obséquiosité et de ténacité, il n'arrive à son but qui est de s'approprier le bien d'autrui.

La mentalité du boche est tellement adaptée à cette manière d'agir que les commerçants, les industriels, les médecins, les artistes, les officiers allemands se font un titre de gloire des avantages ou des renseignements qu'ils ont obtenus au prix des pires indélicatesses. Mais survienne l'état de guerre, l'hypocrisie et la dissimulation font immédiatement place aux véritables instincts du boche, c'est à dire à l'impulsion au pillage, au viol, à l'assassinat et à la destruction systématique. Le moindre motif sert alors de prétexte à cette forme de querelle si justement désignée sous le nom de querelle d'allemand. Depuis des siècles, cette colère agressive, cette *furor teutonicus*, dont le boche ne manque pas de tirer un élément de vanité, n'est cependant, dans son expression de bestialité querelleuse, qu'un déclenchement de fureur purement animale, tels que le sont les accès de rage du dromadaire et du taureau.

C'est alors qu'on voit ce bonhomme d'aspect placide et cauteleux, se livrer à l'égard des faibles, des enfants, des vieillards, des femmes, des gens désarmés et même des blessés, à toute une série d'actes de barbarie et de férocité qui constituent les crimes de lâcheté. La transformation soudaine de ce boche, qui, dans ses relations commerciales ou sociale, vous était apparu comme un être si bonasse, et même si disposé à la pratique de l'hospitalité qu'il mettait sa table, sa maison, sa femme et ses filles à la disposition de ses hôtes, en l'être le plus féroce et le plus dénué de pitié et d'humanité a, dans tous les temps, provoqué l'étonnement des autres peuples. C'est qu'ils ne s'étaient jamais rendus un compte exact de la puissance de dissimulation, de la duplicité, avec lesquelles le boche peut donner le change sur les véritables dispositions de sa nature.

Un fait bien connu, mais dont la guerre a eu pour effet de vulgariser la connaissance, c'est qu'une odeur nauséabonde, désignée sous le nom de bromidrose fétide des Allemands, se dégage du corps des boches. Cette odeur qui imprègne d'une façon persistante les locaux qu'ils ont touchés, est tellement caractéristique que, lorsqu'on l'a sentie, elle ne saurait jamais plus s'effacer de la mémoire olfactive. Dans toutes les circonstances où la vanité et la susceptibilité de l'Allemand sont l'objet d'une contrariété ou d'un froissement, l'odeur spéciale de la race boche s'accentue et les émanations cutanées empestent l'air d'une puanteur insupportable.

C'est exactement ce qui se passe chez les animaux puants, tels que les renards, dont l'odeur s'exagère quand on les excite ou qu'on provoque leur colère. Il semblerait qu'en dotant les boches d'une odeur analogue à celle des animaux nuisibles, la nature ait voulu nous permettre de dépister leur présence et pourvoir ainsi à notre sécurité. Mais, tandis que la laideur des boches et leur puanteur provoquent le dégoût, il est un autre caractère de race dont la constatation n'a pu manquer d'inspirer à leur égard la plus irréductible des antipathies : ce caractère, c'est le pédantisme.

Chez aucun peuple, l'affectation prétentieuse, l'étalage d'un savoir de compilation, l'exposition des faits les plus simples avec une emphase dont la solennité fait encore ressortir la nullité et l'obscurité, ne sévit avec plus d'intensité. Ce pédantisme s'étend à toute la race boche. Il s'exerce dans tous les domaine, on le retrouve aussi bien chez l'officier que chez le professeur, chez le journaliste que chez l'artiste. La suffisance du boche a été soulignée par les humoristes de tous les pays. Le type du professeur Kasher, tel qu'il est représenté par Hansi, restera le symbole de l'infatuation et la stupidité du professeur boche. A ce sujet, il n'est peut-être pas inutile de rappeler ici que le fameux titre de Doktor, vendu en Allemagne à tant d'exemplaires par ces écoles d'ivrognerie ritualistes que sont les Universités, correspond tout au plus à notre diplôme de bachelier.

L'orgueil du boche s'est traduit dans les pays envahis par l'obligation imposée aux civils de saluer les officiers. Ces hobereaux voyaient dans ce geste, renouvelé de celui que le bailli allemand Gessler avait en vain tenté d'imposer à Guillaume Tell, une consécration à l'honneur attaché à leur situation privilégie. C'est que pour le boche, l'honneur ne correspond à aucun sentiment intime d'amour-propre et de délicatesse, il constitue simplement le droit à des marques d'obéissance ou d'asservissement. A aucune époque, le mot d'honneur n'a eu en Allemagne la signification que lui attachent les autres peuples. Un boche n'est point déshonoré pour avoir manqué à la parole donnée. Les enseignements de Frédéric II ont codifié le droit pour l'allemand de violer ses serments quand sont intérêt est en jeu. La formule " nécessité ne connaît pas de loi " (Noth kennt kein Geboth) énoncée à la tribune du Reichstag pour expliquer la violation de neutralité de la Belgique, y a été accueillies par d'unanimes acclamations. Il convient donc que tout homme réfléchi grave dans son esprit l'axiome suivant : Un boche n'attache pas plus de valeur a ses engagements que s'il s'agit de chiffons de papier.

Pour compléter l'étude des éléments constitutifs de la mentalité boche il reste à signaler la lourdeur d'esprit, l'absence de sens psychologique, la bêtise, en un mot, qui la caractérisent essentiellement. Les boches n'ont pas la moindre compréhension de la psychologie des autres peuples. Rien ne leur manque autant que l'intelligence générale du monde en dehors d'eux-mêmes. C'est ce qui explique pourquoi ils ne cessent de commettre les erreurs psychologiques les plus grossières.

Cette bêtise constitutionnelle est d'ailleurs en rapport étroit avec l'instinct grégaire des boches. Cet instinct qui les porte à se grouper en troupeau sous la direction de chefs auxquels ils obéissent passivement témoigne également de leur esprit de servilisme. Le socialisme collectiviste, le syndicalisme et toutes les formes d'association dans lesquelles l'homme aliène sa liberté ne sont que des conceptions politiques de l'instinct grégaire du boche. On rapporte qu'au cours d'un entretien un historien frappé du servilisme et de l'obséquiosité des Allemands lui ayant dit : " N'est-ce pas que les Allemands sont réellement bêtes ? " son interlocuteur s'inclina en souriant d'un air approbateur.

En réalité, les boches sont tellement bêtes, qu'ils n'ont aucun sentiment de ce que leur aspect extérieur a de ridicule. Aucun boche ne s'est jamais rendu compte de ce qu'il y a de grotesque dans les exhibitions de costumes du Kaiser, dans le Kalpach à la tête de mort du Kronprinz, dans les gestes de pantins des officiers, dans le pas de parade des soldats, dans la raideur et les salutations clownesques des fonctionnaires, dans les duels truqués des étudiants, dans les discours prétentieux et solennels des professeurs et des diplomates, dans les défis rituels des buveurs de bière, dans les accoutrements des touristes, dans les habillements des femmes du monde allemandes. Toutes ces manifestations d'une bêtise et d'une insuffisance incommensurables apparaissent au boche, comme des témoignages d'une distinction et d'une supériorité destinées à éblouir le monde. »

[1] Cyrano de Bergerac, Contre les sorciers.

[2] Mme Brundtland, Directrice générale de l'OMS, le Monde, 21/2/2001.

[3] J. Copans, Le Monde, 2/5/2001.

[4] Cité par le Monde, 7-8/1/2001. L'hebdomadaire Les Lettres Françaises était une publication « littéraire » du Parti communiste français

[5] B. H. Lévy, Le Point, 9/2/20001

[6] J. Clair , Le Monde, 22/11/2001.

[7] Paul Valéry, Ebauche d'un serpent.

[8] Pr. J.P. Lévy, à propos des vaccins anti-sidas, Le Monde 24/9/94.

[9] C. Sarraute, Le Monde, 17/3/1976

[10] Barthélémy, in Piquet et al. *La publicité, nerf de la communication*, Paris, Ed. d'Organisation, 1983.

[11] A. Hadida, cité par J. Brunel, Le Monde, 9/10/2001.

[12] B. Poirot-Delpech, Le Monde 21/10/98.)

[13] R. Alexandre, l'Expansion, été 1989.

[14] P Bernard, Le Monde, 9/3/2001

[15] M. Leiris, Le Merveilleux, cité par M. Contat, Le Monde, 9/3/2001.

[16] M. Monnier, chorégraphe, citée par D. Frétard, Le Monde, 3/7/2001.

[17] Le Monde, 17/4/1974.

[18] D. Bougnoux, Le Monde 30/5/2001.

[19] R. Bu. Le Monde, 29/6/2001.

[20] D. Frétard, le Monde, 30/1/2001.

[21] P. Sollers, Le Monde, 14/10/1994.

[22] Le Monde, 1/12/2000.

[23] F. Giroud, pub Grasset, le Monde 23/11/2001.

[24] A Quemin, auteur d'un rapport pour le Ministère des affaires étrangères sur la place de la France dans le monde de l'art

international, cité par P. Dagen, Le Monde, 9/6/2001

[25] P Bouvard, Le Figaro Magazine, 2/2/2001.

[26] J.M. Normand, le Monde, 10/2/2001.

[27] A. Vitols, Le Monde, 22/9/2001.

[28] Le Nouvel Observateur, 12-18/10/2000.

[29] R. de Ceccatty, Le Monde, 28/9/2001.

[30] N. W. Le Monde, 17/9/2001.

[31] Editorial. Le Monde, 15/9/2001.

[32] Le Monde, 21/4/2001.

[33] V. Mortaigne, le Monde, 20/2/2001.

[34] E. Troncy, cité par M. Guerrin, Le Monde, 12/2/2001.

[35] » J. Labrune, J. Cahen, Le Monde, 2/10/2001.

[36] P. Lepape, Le Monde, 9/3/2001.

[37] B. Poirot-Delpech, le Monde, 25/4/2001.

[38] M. Field, Le Monde, 4/5/2001.

[39] J. Birnbaum, Le Monde, 30/11/2001.

[40] E. C. L'Express, 24/5/2001

[41] Le Monde, 8/9/2001.

[42] J.M. Le Monde, 4/4/2001.

[43] P. Georges, le Monde, 24/2/2001

[44] E. de Montety, Le Figaro magazine, 1/9/2001.

[45] A propos de l'ETA, F. Savater, porte-parole de Basta Ya. Le Monde, 15/3/2001.

[46] B. Poirot-Delpech, Le Monde, 20/6/2001.

[47] P. Meyer, le Point, 23/3/2001.

[48] T. Clerc, le Monde 6/1/2001.

[49] J. Copans, Le Monde, 2/5/2001.

[50] D. Dhombres, Le Monde, 27/11/2001.

[51] Arnaud et Nicole, L'art de penser.

[52] E. de Montety, Le Figaro magazine, 1/9/2001.

[53] Le Monde, 19/4/2001.

[54] J. Brunel, le Monde, 15/3/2001.

[55] Pub , Le Monde, 19/5/2001.

[56] A. Lompech, Le Monde, 8/9/2001.

[57] B. Poirot-Delpech, Le Monde, 9/3/2001.

[58] Cité par J. Sévilla, Le Figaro Magazine, 26/5/2001.

[59] J-C. Kaufmann, Le Monde, 11/5/2001.

[60] C. Deahanghe et J-F. Delpech, Le Monde, 8/11/2001.

[61] Le Monde, 21/11/2001.

[62] P. Sollers, Le Monde, 17/4/1974.

[63] Arnaud et Nicole, L'art de bien penser.

[64] J-C. Kaufmann, Le Monde, 11/5/2001.

[65] N. Weill, le Monde, 30/3/2001

[66] J. Clément, Le Monde, 15/5/2001.

[67] B. Poirot-Delpech, le Monde, 4/4/2001.

[68] B. Brochant , préface à Bernard Cathelat, Publicité et société, Paris, Payot, 1987.

[69] Le Monde, 16/10/2001.

[70] Cazotte, Le diable amoureux. 1772.

[71] Action, 1/2/1969.

[72] Swift, Gulliver, IV, 12.

[73] Pub. Jeanneau, Moteur Boat, sept. 1999.

[74] Le Monde, 11/11/1993.

[75] J.B. Rousseau, cité par Bescherelle à l'article « il ».

[76] F. Edelmann et M. Guerrin, Le Monde, 30/1/1998.

[77] P. Georges, Le Monde, 7/2/1996

[78] A propos du décès de C. Trenet, in Propos recueillis par le service culture, Le Monde, 21/3/2001.

[79] P. Bouvard, Le Figaro Magazine, 1/6/2001.

[80] B. Poirot-Delpech, Le Monde, 20/6/2001.

[81] C. Rousseau, Le Monde, 1/9/2001.

[82] L. Haloche, Le Figaro Magazine, 6/10/2001.

[83] Madame Figaro, 26/5/2001.

[84] le Figaro magazine, 13/1/2001

[85] Cité par J.L. Douin, Le Monde, 28/08/2000.

[86] Cité par JL. Chrétien, Le Monde, 5/1/2001

[87] Id.

[88] J. Gaillard, Le Monde, 7-8/1/2001.

[89] J. Baudrillard , le Monde, 3/11/2001.

[90] B-H. Lévy, Le P oint, 23/3/2001

[91] P. Sollers, Le Monde, 13/4/2001.

[92] Ph.-J.C. Le Monde, 22/12/2000.

[93] Jiri Kylian, cité par D. S, L'Express, 22/3/2001.

[94] Arnaud et Nicole, Logique de Port-Royal.

[95] A Glucksmann, Le Figaro, 4/3/1991.

[96] P. Khalfa, Le Monde, 10/4/2001.

[97] J.M. Bezat et G. Courtois, Le Monde, 17/2/2001.

[98] L. Sève, philosophe, Le Monde, 20/4/2001.

[99] Cité par P. Kéchichian, Le Monde 10/11/2000.

[100] R. Rérolle, Le Mondedes livres, 5/1/2001

[101] Non signé,Le Monde des livres, 19/1/2001.

[102] Le Point, 16/2/2001.

[103] Cité par J.L. Douin, Le Monde, 13/4/2001.

[104] J. Attali, Le Monde, 15/12/1995.

[105] Le Monde, 6/11/2001

[106] A. Renaud, Cahiers du Cinéma, oct. 2000.

[107] J. Baudrillard , le Monde, 3/11/2001.

[108] » Bernard-Henri Lévy, Le Pont, cité par Le Monde, 10/11/2001.

[109] Orlan, citée par P. Dagen, Le Monde, 22/3/2001.

[110] Le Figaro Magazine, 23/6/2001.

[111] Le Monde, 8/12/2000.

[112] J.J. Bozonnet, Le Monde, 19/4/2001.

[114] Jules Romains Discours pour le 33° anniversaire de la mort de Zola, 1935.

[115] Cité par J.P. Langellier, Le Monde, 22/12/2000.

[116] J. Le Carré, le Monde, 18/10/2001.

[117] P. Sollers, Le Monde 13/4/2001.

[118] Le Monde, 28/11/2000.

[119] B.H. Lévy, Le Point, cité par Le Monde, 25/09/1999.

[120] M. Leiris, Le Merveilleux, cité par M. Contat, Le Monde, 9/3/2001.

[121] Cité par V. Cauhapé, Le Monde 6/1/2001.

[122] B-H Lévy, Le Point, 2/2/2001.

[123] M. Aymé, En arrière, Gallimard, 1950

[124] G. Simon, l'Humanité, 7/9/1944.

[125] N. L. Le Monde, 18/08/2000.

[126] M. Contat, Le Monde, 22/09/2000. a propos d'une romancière.

[127] J.F. Rauger, Le Monde 14/3/2001.

[128] A propos d'un auteur à la mode, V. Forrester, Le Monde, 6/4/2001.

[129] Id.

[130] 6 bonnes crèmes anti-froid, Télé Magazine, 3-9/2/2001.

[131] Tenax, Paris-Midi, 7 juin 1940.

[132] G. Duhamel, de l'Académie française. Le Figaro, 26 août 1944.

[133] France libre, 24 août 1944.

[134] non signé, Combat, 31/8/1944.

[135] M. Cachin, L'Humanité, 5/9/1944.

[136] J. Rancière, cité par R.P. Droit, Le Monde des livres, 15/12/2000.

[137] Id.

[138] Après la chute de Napoléon, les monarchies européennes se mirent d'accord sur une politique devant empêcher à tout jamais que leurs sujets ne deviennent citoyens. On lui donna le nom de Sainte alliance.

[139] Cité par R.P. Droit, Le Monde des livres, 15/12/2000.

[140] Id.

[141] Texte d'une pétition circulant sur Internet, venant d'une ligue de vertu française, juin 2001.

[142] J.M. Normand, Le Monde, 10/2/2001.

[143] D. Rapoport, cité par A. Vitols, Le Monde, 22/9/2001.

[144] Pub Chevrolet FHM Juillet août 1999

[145] Publicité Hermès, Télérama, 20-26/11/1999.

[146] Le Figaro Magazine, 13/1/2000.

[147] Pub Volkswagen, Paris Match, 22/1/2001.

[148] Officine panerai, Le Monde Cadeaux 2001.

[149] Publicité Oenobiol, Madame Figaro, 3/3/2001.

[150] Pub Claude Bell, Télé Magazine, 3-9/2/2001.

[151] Figaro Méditerrannée, 3/3/2001.

[152] Cyrano de Bergerac, *Le pédant joué*, III, 2.

[153] Cicéron, De la Divination, liv. II.

[154] Aristote, De Cælo, Liv. I, Ch. I.)

[155] R. Lulle, Traité d'astrologie, vers 1200, éd. Stock, 1988.

[156] Arnaud et Nicole, La logique ou l'art de penser, Paris, 1662.

[157] La Bruyère, Les Caractères, chap. XVI

[158] Explications du code Napoléon 1865, Le Monde 19/4/1994.

[159] Le Monde 26/9/96.

[160] A. Lemasson, l'Express, 12/4/2001.

[161] J.-M. C. Le Monde, 18/4/2001.

[162] F. Brillet, L'Express, 11/10/2001.

[163] A. Rey, Le Monde, 14 avril 1995.

[164] .M. Allais, Prix Nobel d'économie, Le Monde, 5/11/1990.

[165] Cité par A. Lebaube, Le Monde, 28/10/2000.

[166] P.H. Kolvenbach, Supérieur général des jésuites, Le Monde, 27/12/1994.

[167] Le Monde, 22/01/2000.

[168] M. Monod PDG de la Lyonnaise des eaux, Le Monde, 11/6/1994

[169] S. Klarsfeld, Le Monde, 15/3/1995.

[170] E.G. Sledziewski, Le Monde, 2/9/1998.

[171] Cicéron, De la divination.

[172] A. Gervais, sénateur, L'Information, 11 août 1914.

[173] P. Claudel, Le Figaro, 28/9/1944.

[174] Cité par V. Mortaigne et S. Siclier, Le Monde, 13/2/2001.

[175] Le Figaro Magazine, 23/12/2000.

[176] Général Massu, Le Figaro Magazine, 23/12/2000

[177] J. Darras et al., Le Monde, 26/8/2001.

[178] J de Romilly, La tragédie grecque, PUF, 1986.

[179] Arnaud et Nicole, Logique de Port-Royal.

[180] B. Pascal, Pensées, II, 7.

[181] Citation du Figaro, Paris-Midi, 7 août 1914.

[182] La Bruyère, Les Caractères, chap. XVI

[183] P. Lepape; Le Monde, 4/6/1999.

[184] D.J. Moine et J.H. Herd, Persuader pour vendre, 1987.

[185] Cité par S. Cohen, Le Monde 21/3/1991.

[186] Le Monde, 24-25/3/1991.

[187] Rabelais, Pantagruel, Livre IV.

[188] Cicéron, De la Divination.

[189] Pub, Gault et Millau, n° 341.

[190] M. Larroutourou, Le Monde, 20/1/1998.

[191] La Fontaine, Fables.

[192] J. Donnay Richelle, Personnalité et choix professionnel, Bulletin de Psychologie, Tome XLIII, n° 396

[193] Molière, Le Malade imaginaire.

[194] H.T. Le Monde, 6/8/2000.

[195] Boileau, satire IX.

[196] B. Pascal, Provinciales., 4° lettre

[197] M. Collet, Traité des dispenses, en général et en particulier, Garnier, Paris 1752.

[198] J.P. Sartre, cité par le Monde, 17/4/1974.

[199] Pie XII, cité par J. D'Ormesson, Figaro, 7/8/1944

[200] W. d'Ormesson, le Figaro, 11/8/1944

[201] Ha. B. Le Monde, 6/10/2000.

[202] Le Monde, 12/7/2001.

[203] J. Chirac, Le Monde, 6/11/2001.

[204] F. Bedarida, Le nazisme et le génocide, 1989.

[205] La Semaine, 13/11/1941.

[206] La Cause du peuple, n° 28, Sept 1970.

[207] Pub Aventis, Le Monde, 24/10/2000.

[208] O. Solomon, IREP, séminaire 1983.

[209] L'Equipe Magazine, 10/3/2001.

[210] Publicité pour un rouge à lèvre Clinique, Madame Figaro, 3/3/2001.

[211] L'Humanité, 14 février 1934.

[212] Le Monde, 13/4/2001.

[213] Le Figaro, 27/4/2001.

[214] Dans la presse, Le Monde, 20/4/2001.

[215] P. Farmer, Le Monde, 11-12/11/2001.

[216] Le Monde, 23/2/2001.

[217] Cité par Charlie Hebdo, 18/2/1974

[218] Le Monde, 24/3/1995.

[219] Le Monde, 20/11/1999.

[220] Le Figaro, 12/3/1991

[221] A. Glucksmann, Le Monde, 13/07/2000.

[222] Le Monde, 8/12/2000.

[223] Cité par G. Courtois, Le Monde, 28/10/2000.

[224] Cité par G. Courtois, Le Monde, 28/10/2000.

[225] La Mode illustrée, 12/07/1914.

[226] D. Schneiderman, Le Monde Télé, 5-11/2/2001.

[227] M. Cournot, Le Monde, 18/1/2001.

[228] Ovide, Les Métamorphoses, Paris, Flammarion, 1932.

[229] Euripide, *Les Bacchantes*, I, 1.trad. M. Arthaud, Paris, Didot, 1866.

[230] J-M. Bezat, Le Monde, 23/6/2001.

[231] Le Monde, 27/2/2001.

[232] M. Leiris, Afrique fantôme, cité par S. Smith, Le Monde, 2/3/2001.

[233] Discours lors du vote de la loi Falloux, cité par Le Monde, 22-23/4/1984

[234] Pline l'Ancien, Hist. Nat. V, 12.

[235] Traité de logique de Port-Royal

[236] G. Peninou, Sémiotique II, IREP, 1983

[237] H. Ramadan, Le Monde, 22/9/2001.

[238] J. Hermann Janssens, Herméneutique sacrée, Paris, 1833

[239] La Vie parisienne, 19/7/1919.

[240] Cicéron, de la Divination

[241] D. Bougnoux, Le Monde, 10 /9/1997.

[242] V. Mortaigne, Le Monde, 25-31/3/1991

[243] Charlie Hebdo, 8/4/1974.

[244] J.C. Buhrer, Le Monde, 2/8/2000.

[245] J. XX, Nouvelle revue de psychanalyse, 12

[246] T. D. Lyssenko, État de la science biologique, Revue Europe, n° 33-34, Oct. 1948.

[247] L'Humanité, 5/9/1944.

[248] Match 9/2/1939.

[249] Publicité, Le Monde, 23/5/2001.

[250] H. Marsan, Le Monde des livres de poche, 2/2/2001.

[251] M. Hunault, Le Monde, 29/3/2001.

[252] A. Finkielkrault, Professeur à l'Ecole polytechnique, Le Monde, 9/10/2001.

[253] Ran Halévy, Directeur de recherche au CNRS, Le Monde, 12/10/2001.

[254] Pub Quesser & Co., Signal, Déc. 1940.

[255] Madame Figaro, 31/10/1992

[256] Pub Biotherm

[257] Le Nouvel Observateur, 24-30/11/1988

[258] Madame Figaro, 24/11/1992.

[259] Femme actuelle, 1-7/2/1993.

[260] J.M.Frodon, Le Monde 24/9/1999

[261] P. Bourdieu, Ce que parler veut dire, Paris, 1982.

[262] Porte-avion français à propulsion nucléaire célèbre pour sa difficile et coûteuse mise en service.

[263] Le Monde, 14/12/2000.

[264] Pub. pour un bateau Azimut, Moteur Boat, sept 1999. Nous avons respecté une typographie assez fantaisiste.

[265] Talmud, Baba Mezia, 59 b.

[266] Epîtres choisies de Saint Augustin, A Paris, chez Pierre Le Petit, 1656.

[267] B. Pascal, Pensées, III, 8, à Lyon, chez Périsse frères, 1831.

[268] Le Monde, 27/9/1999.

[269] D. Scheiderman, Le Monde TV, 3-4/5/2001. Les héritiers de M. Mitterrand auraient touché des droits d'auteurs à propos d'émissions enregistrées alors qu'il était Président de le république

[270] B. Poirot-Delpech, le Monde, 25/4/2001.

[271] M. Doury, linguiste au CNRS, Le Monde, 5/5/2001.

[272] Rabbin Ovadia Yossef, Leader d'un parti nationaliste israélien, Le Monde 8/8/2000.

[273] Talmud, cite par Rabin D. Meyer, Le Monde 9/01/2001.

[274] P. Sollers, Le Monde, 30/11/2001.

[275] Beaumarchais, Le Barbier de Séville, II, 8.

[276] Homère, Iliade, XIX.

[277] Le Matin, 4 août 1914.

[278] N. Chomsky, L'Express, 23/12/2000.

[279] Solon, Le Monde, 15/12/1995.

[280] Le Monde TV, 9-15/10/2000.

[281] Le Monde, 8/12/1993.

[282] Le Monde, 9/11/1994.

[283] L'Aurore, 13/9/1944.

[284] Pub France-Telecom

[285] L. Frapié, La Maternelle.

[286] Souligné par nous.

[287] Aragon, De la libre discussion des idées, Europe, n°33-34, Oct. 1948.

[288] Internet de D. Wolton et O. Jay, cité par M Alberganti, Le Monde des livres, 29/09/2000.

[289] Figaro magazine, 24/2/2001

[290] A. Griotteray, Le Figaro Magazine, 7/7/2001.

[291] Buffon, Quadrupèdes, tome 4.

[292] de Gaulle, cité par Le Monde, 10-11/3/1991.

[293] Cité par A. Chemin et P. Robert-Diard, Le Monde 19/12/2000.

[294] Oeuvres chirurgicales de Hierosme Fabrice d'Aquapendente, Lyon, vers 1550.

[295] J. Attali, Cité par Le Monde, 24/8/1999.

[296] P. Vidal-Naquet, Le Monde, 29/1/1991.

[297] Pub TotalFina, Le Monde, 24/9/1999.

[298] J.C. Sabin, 1° vice président de l'Ass. permanente des Chambres d'agriculture. Le Monde, 28-29/11/1999.

[299] R. Debray, Cours de médiologie générale, 1991.

[300] Publicité Clarins, Madame Figaro, 3/3/2001.

[301] D. J. Moine et J. H. Herd, Persuader pour vendre, Paris, 1987.

[302] Match, 16/3/1939

[303] La Nation, 28/4/1969.

[304] P.Bilger, PDG d'Alsthom, Le Monde, 12/6/1999.

[305] » L. Rozenbaum, Le Monde, 12/9/1998.

[306] P. Sollers, Le Figaro Magazine, 23/6/2001.

[307] M. Beffa, PDG de Saint Gobain, Le Monde, 7/7/2000.

[308] Un cadre d'entreprise, cité par L. Belot, Le Monde, 24/10/2000.

[309] Cicéron, de la Divination, Livre I, Paris, Chez Barbou, l'an III de la République.)

[310] Le Monde, 26/09/2000.

[311] F. Fritscher, Le Monde, 27/6/2000.

[312] Non signé, Le Monde, 28/oct/2000.

[313] Beaumarchais, Le mariage de Figaro.

[314] D Bougnoux, Le Monde 30/5/2001.

[315] J-C. Kaufmann, Le Monde, 11/5/2001.

[316] Jérôme Clément, Le Monde, 14/5.2001.

[317] D Bougnoux, Le Monde 30/5/2001.

[318] E. C. L'Express, 24/5/2001.

[319] Pub Silvikrine, Match, 9/2/1939.

[320] Pub ANCEL, VU, 14//9/1932.

[321] Pub Kala-Busta Match 7/5/1939.

[322] Pub. Naxolithe, Match, 16/3/1939.

[323] Pub pour ChateauOnline.fr, Gault et Millau, n° 341.

[324] Le Monde, 22/12/2000.

[325] Le Monde, 23/8/1998.

[326] Th. d'Aquin, Somme théologique.

[327] 22 Août 1944

[328] Le Monde, 25/12/1999.

[329] Titre, Le Monde, 15/5/2001.

[330] Amina, n° 174, 2/1993.

[331] B. Cathelat, op. cité.)

[332] A. Griotteray, Le Figaro magazine, 1/9/2001.

[333] Cité par D. Frétard, Le Monde, 5/7/2001.

[334] Arnaud et Nicole, La logique ou l'art de penser, Paris, 1662.

[335] I. Illitch, La convivialité, 1973.

[336] (M. Serres, Rome, Le livre des fondations, Paris, 1983.

[337] B. de Margerie, Le Figaro, 30/12/1999.

[338] La Mode illustrée, 12/7/1914.

[339] Le Petit Echo de la Mode, 5/4/1914

[340] J. Clair, Le Monde, 22/11/2001.

[341] V. Stevanovic , Le Monde, 28/09/2000.

[342] B. Poirot-Delpech, Le Monde, 25/4/2001.

[343] Cité par J.L.Saux, Le Monde, 2/8/2000.

[344] Pub Ford

[345] Mme C. Colonna, porte-parole de l'Élysée, Le Monde, 23/09/2000.

[346] D.J. Moine et J.H. Herd, Persuader pour vendre, 1987.

[347] Cité par Le Monde, 4/8/1990.

[348] Dr Swift, Voyages de Gulliver.

[349] Voltaire, Lettres de M. Covelle.

[350] P. L. Courrier, Lettres au rédacteur du Censeur, 1820.

[351] H. Rolle, Jérôme Paturot, 1843.

[352] Canard enchaîné, 25/1/1939

[353] R. Slardenne, le Canard enchaîné, 17/8/1936.

[354] B. Frappat, Le Monde, 8-14/4 1991

[355] A. Frossard, Figaro, 11/1/1991

[356] P. Sollers, Le Monde, 3/4/2001.

[357] A. Chassaignon, L'Homme libre, 13/9/1944.

[358] Le Monde, 6/10/2000.

[359] D. Accursi, Le Monde 7/4/1998.

[360] C. Tréan, Le Monde, 30-31/7/2000.

[361] M-H Bouchet (professeur de finances), Le Monde, 27/10/2001.

[362] P. Videlier, Le Monde dipl., Juillet 1993

[363] Ch. Jourdain, note de la Logique de Port-royal, Hachette,1874.

[364] Édito., Le Figaro, 7/3/1991

[365] A. Kriegel, Figaro, 12/3/1991

[366] M. Eliade, Aspects du mythe, 1963.

[367] A. Kriegel, ibid.

[368] S. Zappi, citant le maire de Franconville, Le Monde, 17/6/1993.

[369] Le Monde, 26/6/1999

[370] S. Kahn, Le Monde, 7/4/1998.

[371] R. Gutman, grand rabbin du Bas-Rhin, Le Monde, 20 /9/2000.

[372] P. Jaffré, PDG d'Elf, Le Monde, 25/8/1999.

[373] G. Konopnicki, Le Monde, 2/2/1991.

[374] Vice-Président du Conseil d'Etat.

[375] Cité par J-M. Bezat, Le Monde, 15/2/2001.

[376] Le Monde, 1/7/2000.

[377] Murailles révolutionnaires, tome 2, 1880.

[378] V. Margueritte, Le Journal, 8 août 1914.

[379] L'Action Française, 7 février 1934.

[380] Le Jour, cité par le Canard enchaîné, 8/2/1939.

[381] R. Namias, directeur de l'information de TF1., Le Monde télévision, 9-15/4/2001.

[382] Chateaubriand, Mélanges politiques, tome 1, Paris Pourrat frères,1835.

[383] C. Breillat, Pornocratie, cité par O LeNaire, L'Express, 6/9/2001.

[384] N.Levisalles, Libération, 3/42/1996.

[385] *Libération*, 18-19/10/1997.

[386] *Libération*, 18-19/10/1997.

[387] *Libération*, 18-19/10/1997.

[388] Lucien, Dialogues.

[389] Cyrano de Bergerac, Le pédant joué, III, 1.

[390] Arnaud et Nicole, Traité de logique.

[391] C. Delacampagne, Le Monde 19/6/98.

[392] J.M. Daniel, Le Monde, 3/10/2000.

[393] D. Ogilvy, La publicité selon Ogilvy, Paris, Dunod, 1983.

[394] M. Serres, Rome, le livre des fondations, 1980.

[395] J. Kristeva, Le Monde, 5/11/1993.

[396] M. Blanchot, L'espace littéraire.

[397] Cité par J.L. Douin, Le Monde, 28/08/2000.

[398] B. Latour, sociologue, Le Monde, 7/12/2001.

[399] Cité par M.Kajman, Le Monde, 2/3/1991.

[400] P. Sollers, Le Monde, 14/10/1994.

[401] P. Sollers, Le Monde, 25/6/1993.

[402] M. Schneider, Le Figaro, 30/12/1999.

[403] La Vie parisienne, 19/7/2001.

[404] F. Roy, Le Monde, 14/12/2000.

[405] Pub Skip , Télé 7 jours, 9-15/12/2000.

[406] L'Equipe magazine, 10/3/2001.

[407] Le Nouvel Observateur, 12-18/10/2000.

[408] Publicité Biotherm, Madame Figaro, 3/3/2001.

[409] Publicité Burberry, Madame Figaro, 3/3/2001.

[410] Publicité Sisleÿa, Madame Figaro, 3/3/2001.

[411] Le Monde, 31/1/1997.

[412] Arnaud et Nicole, Logique de Port-Royal, Paris, 1664.

[413] François de Sales, Conduite pour la confession, 7, 1820.

[414] Paris-Match, 22/10/1992

[415] B. Cathelat, Publicité et société, Payot.

[416] German Arce Ross, Le Figaro, 4/3/1991.

[417] P. Bruckner, Le Monde 30/9/1998.

[418] J.F. Rauger, Le Monde 14/3/2001.

[419] Le Canard enchaîné, 1/2/1939.

[420] Cicéron, De Orat. III.

[421] B-H Lévy, cité par Le Monde, 13/11/1999.

[422] X. Ternisien. , Le Monde, 21/12/2000.

[423] P. Bergé, Le Monde, 18/11/1992.

[424] A. Minc, Le Monde, 19/11/1992

[425] M. Dumas, Sup. TV du Monde, 1° semaine d'octobre 1993

[426] Général de Bénouville et « quelques autres », cité par G. Courtois, Le Monde, 7/4/2001.

[427] R. Herzberg-Poloniecka, Le Monde, 24/8/1999.

[428] A. Marty, , l'Humanité, 7/9/1944.

[429] Ce Soir, 2/9/1944.

[430] R. Gutman, grand rabbin du Bas-Rhin, Le Monde, 20/9/2000.

[431] D. Sallenave, Le Monde, 3/7/1999.

[432] P. Lepape, Le Monde 22/09/2000.

[433] E. Marty, Le Monde, 11/10/2000.

[434] Le Monde, 13/10/2000.

[435] J. Eisenberg, Le Monde, 11/10/2000.

[436] I. Levaï, président de la chaîne parlementaire- A-N., le Monde, 30/11/2001.

[437] M. Boerhave, Institutionnes, cité par M. Tissot, L'onanisme,1778.

[438] L'homme libre, 13/9/1944.

[439] La Liberté, 6 août 1914

[440] Le Journal, 7 août 1914

[441] H.C., L'Intransigeant, 13/10/1914.

[442] Paris Midi, 7/6/1940.

[443] Paris-Midi, 7 juin 1940

[444] L'Humanité, n° clandestin ronéotypé, n° 70, 14 sept (1940 ?)

[445] P. Rives, Dans l'honneur et la justice, Germinal, 14 juillet 1944

[446] La Marseillaise, 24 août 1944..

[447] L'Humanité, 24 août 1944.

[448] » Défense de la France, 7 septembre1944.

[449] Le Journal d'Alger, 19 mai 1958.

[450] Dernière heure, (Alger), 23 avril 1961.

[451] Le Journal d'Alger, 24 avril 1961.

[452] R. Holbrooke, officiel américain, L'Express, 11/10/2001.

[453] Défense de la France, 22 août 1944.

[454] Combat, 5/9/1944.

[455] L'Aube, 24 août 1944.

[456] Le Populaire, 24/août 1944.

[457] Non signé, Libération, 24 août 1944.

[458] Le Populaire 24/août 1944.

[459] Défense de la France, 22 août 1944.

[460] Le Monde 23/11/1999.

[461] Madame Figaro, 17/3/2001.

[462] Cyrano, Le pédant joué, II, 4.

[463] D. Bailey, Le Monde, 3/8/2001.

[464] J-C. Barreau, Le Figaro magazine, 6/10/2001.

[465] Cité par A-M. Carron, Le Monde, 17/3/1976.

[466] Y. M. Le Monde économie, 13/2/2001

[467] Jan Fabre, auteur dramatique, cité par D. Frétard, Le Monde Avignon 2001, 5/7/2001.

[468] Le Point 19/1/2001.

[469] Le Monde, 26-27/8/2001.

[470] Collet, *Traité des dispenses*, Paris 1752.

[471] Lucien, Les philosophes ressuscités., trad. A. Massieu, 1781.

[472] Arnaud et Nicole, L'art de penser.

[473] Arnaud et Nicole, L'art de penser.

www.ingramcontent.com/pod-product-compliance
Lightning Source LLC
Chambersburg PA
CBHW071343280526
45787CB00001B/204